# Joachim Schroetter

Von Menschen und Bienen.

Bienenkunde nach dem vierten Buch von Vergil.
Interpretation, Übersetzung und Einleitung des vierten Buches.


Neufassung

ISBN:9798597911274

*„Georgica"* vom Landbau von Vergil nach dem Altphilologen Otto Schönberger.


**Überarbeitete Fassung**

## Inhalt

1. Einführung

2. Anmerkungen

3. Erläuterungen

4. Vom Landbau

5. Begriffe, Personen, Ortsangaben.

6. Bienenforschung

7. Die Bibel

8. Allgemeines

9. Schlussbemerkung

10. Stichwortverzeichnis

(Bild, eigene Bücherei) Anmerkung.

Für alle, die dieses Buch, vom Reclam-Verlag nicht besitzen und den Inhalt nicht kennen, hier eine genaue Inhaltsangabe von Otto Schönberger.

*Vergil viertes Buch.*
*Liber quartus.*

*Einführung*

*Inhalt*

*Thema ist die Bienenkunde, insbesondere aus der Sicht eines Imkers. Vergil schätzt die Bienen, weil er ihnen Eigenschaften wie Loyalität, Fleiß und künstlerische Qualitäten zuschreibt. Im Bienenstaat spiegle sich die menschliche Rechtsordnung wider, der ja wie der Staat des Menschen auch ein großes Maß an Organisiertheit besitzt. Des Weiteren lobt er den Kampfesmut der Bienen, der gemäß Vergil an den tapferen Römer erinnere. Im Staatswesen der Bienen sieht er ein Vorbild* für den römischen Staat, an welches dieser sich durch die augusteischen Staatsreformen angenähert habe. Die Bienen sieht der Dichter als Erben des Goldenen Zeitalters.

Einleitung: Verse 1–7: Vergil richtet sich wiederum an Maecenas. Erster Hauptteil über das Leben der Bienen und deren Pflege: Verse 8–280: Betont wird die Bedeutung des Standortes des Bienenhauses sowie des Schutzes vor Kälte und Wind. In weiterer Folge interessiert Vergil die Lebensweise dieser Tiere, wie sie arbeiten und ausschwärmen.

Die Begegnung verschiedener Schwärme missdeutet Vergil als Kämpfe zwischen Bienenvölkern und königen. Er spricht weiters von zwei Bienenarten und widmet einige Verse dem Verfliegen.  Dann legt er Beschreibungen des Bienenstaates dar, er bewundert die Geselligkeit und die Arbeitsteilung von Bienen, beobachtet, wie sie sich bei Ruhe und bei drohender Gefahr verhalten und sich fortpflanzen. Vergil geht auf den seiner Meinung nach stoischem Charakter der Bienen ein. Er vergisst auch nicht Ausführungen über die Honigernte und bespricht Arten von Schädigungen und Krankheiten.

Die Georgica werden hierin durch ein Epyllion gekrönt.

Erstmals in der Literaturgeschichte werden die vier Themen Bienenentstehung, Aristaeus, Proteus und Orpheus miteinander in Zusammenhang gebracht. Vergil trug wesentlich zur Reifung des Orpheus-Mythos bei. Er verschachtelt mehrere Erzählungen miteinander. Sein Epyllion zeichnet sich aus durch Handlungsarmut und Monologe. Aristaeus wird präsentiert als egozentrische, ehrgeizige und tätige Person. Er hat Schuld am ersten Tod der Eurydice und wird sich nach einem Hinweis des Proteus dieser bewusst. Nun erkennt er das

Unheil, welches er angerichtet hat. Durch seine Sühnehandlung erneuert er den Frieden mit den Göttern. Zwar wird, wie im Orpheus-Mythos auch hier der Tod nicht besiegt, doch steht im Aristaeus - Mythos am Schluss die positive Erkenntnis, dass Altes vergehen muss, damit schließlich Neues entstehen kann.

Bei Aristaeus realisiert sich zwar das zerstörerische Potential seiner Leidenschaften so wie bei Orpheus, doch löst sich Aristaeus vom bloßen Naturwesen, indem er mit seiner Sühne einen religiösen Akt setzt. Proteus berichtet Aristaeus vom Schicksal von Orpheus und Eurydike und belehrt ihn mit seiner Gerechtigkeitserzählung in moralischer Hinsicht. Aristaeus, das Naturwesen, tritt in Kontakt mit Orpheus, dem Kunstwesen. Während Aristaeus eine halbgöttliche Erscheinung darstellt, ist Orpheus ganz menschlich. Proteus ist eine Art mythische Gottheit der Natur.

Orpheus bekommt im Gegensatz zu Aristaeus nicht die Hilfestellung einer Gottheit. Sein anfänglicher Erfolg beruht auf seinen künstlerischen Fertigkeiten. Schließlich verliert er jedoch das Spiel gegen den Tod. Während Orpheus die Wiedererweckung seiner Geliebten misslingt, endet der Mythos des Aristaeus damit, dass es im Rahmen seiner Sühnehandlung zur Entstehung der Bienen kommt (Bugonie).

Die Bugonie ist gleichsam ein Zeichen für das Werden, das dem Vergehen folgt. Vergil: Publius Vergilius Maro. Im Orpheus-Mythos wird hingegen demonstriert, dass der Mensch grundsätzlich keine übermenschliche Hilfe erwarten darf, es ihm aber gelingen kann, mit seiner Liebe den Tod fast zu überwinden. Zuletzt verhindert freilich gerade diese, seine endgültige Überwindung. Damit wird die Ambivalenz der menschlichen

Leidenschaftlichkeit gezeigt. Orpheus ist mit der Kunst seines Gesanges auch zu fast übermenschlichen Leistungen fähig. Freilich kämpft er mit dieser Kunst verzweifelt gegen die Natur an, beinahe gelingt ihm das Unmögliche. Schließlich muss aber auch er sich dem unvermeidlichen Schicksal des Todes fügen.

Die Aristaeus- Erzählung verkörpert Vitalität, den ewigen Kreislauf, bei dem eine stetige Erneuerung im Gang ist, die Orpheus- Erzählung das einmalige Leben, das in diesem Kreislauf sich der Erneuerung nicht entziehen kann und sterben muss.

Vergil spricht am Anfang dieses Teils von der Entstehung der Bienen aus Tierleichen. Auch hierin zeigt sich, wie aus Vergangenem Neues sich bilden soll. Dann beginnt die Klage des Aristaeus. Dieser wird zunächst von seiner Mutter, der Nymphe Cyrene aufgenommen. Ihr Reich und ihre Rede werden angesprochen. Daraufhin sucht Aristaeus das Orakel des Proteus auf. Aristaeus fesselt Proteus, welcher ihm somit einen Rat geben solle. Proteus will das Schuldbewusstsein des Aristaeus stärken und erzählt von der Klage und Bitte des Orpheus an die Eumeniden und vom neuerlichen Verlust der Eurydike sowie der daraus resultierenden Trauer des Orpheus, der schließlich an seinem Gram stirbt. Am Ende erteilt Cyrene ihrem Sohn Aristaeus Anweisungen, welche Akte der Sühne er zu setzen habe.

Nach der Errichtung der Altäre und dem Totenopfer für Orpheus entstehen die Bienen aus den Bäuchen der Rinder.

Der Schluss wird abgerundet durch eine Sphragis, eine Zusammenfassung des Inhalts aller vier Bücher.

(Quelle Wiki mit Kommentaren von Otto Schönberger. Bei den

Personennamen treten unterschiedliche Schreibweise auf, wenn es sich um die griechische oder lateinische handelt.) Soweit zu Otto Schönberger.

An dieser und an der Übersetzung von Johann Heinrich Voß, orientiere ich mich. Und möchte nun versuchen, die Aussagen und Interpretationen von Vergil zur Bienenkunde und eventuelle Abweichungen im Text von Voß, den Leserinnen und Lesern, nach dem heutigen Stand der Wissenschaft etwas näher erläutern. Dabei muss der Autor, zur Darstellung und Erklärung, gelegentlich von Vergil abweichen, um verständlich zu machen, was Vergil meinte oder gemeint haben könnte. (Grundlage ist Vergil Georgica, vom Landbau Latein/Deutsch übersetzt und herausgeben von Otto Schönberger Reclams Universal- bibliothek Nr. 638, Stuttgart 2010 ISBN 978- 3-15-0006382 unten).

(Bild Adobe IStock, gemeinfrei)

**2. Anmerkungen.**

Zunächst einige Begriffserläuterungen zum Text von Otto Schönberger:

**Epyllion**: *Bedeutet kleines Epos. Eine Gedichtform, die im griechischen Hellenismus und auch in der römischen Poesie eine wichtige Rolle spielt.*

**Sphragis**: *Bezeichnet man in der Literaturwissenschaft und in der Altphilologie das letzte*

*Gedicht einer Gedichtsammlung.*

**Goldenes Zeitalter:** *Ist ein Begriff aus der antiken Mythologie und beschreibt einen Idealzustand, eine friedliche Ur-Phase der Menschheit vor der Entstehung der Zivilisation. Im übertragenen Sinne auch „Blütezeit", eine Epoche der höchsten Entfaltung einer Kultur.*
*Die Erde trug alles freiwillig und die Bienen gehörten dazu. Wie sich doch alles wiederholt. Heute verspricht Präsident seinem Volk ein goldenes Zeitalter.*

**Stoischer Charakter,** *von Stoiker (Anhänger der Stoa) etwa: unerschütterlich, gleichmütig).* **Aristaeus oder Aritaios** *ländlicher Gott. Siehe unten, alle anderen bei Vergil verwendeten Namen ebenso.*

**Erinnyen, Eumeniden** *(Furien) sind in der griechischen Mythologie drei Rachegöttinnen, und zwar: Alekto: Die „niemals Rasende". Dann Megaira „oder auch „Megäre" der neidische Zorn", Tisiphone „die Vergeltung" oder „die den Mord Rächende". Diese Rachegöttinnen hausen in diesem Falle, in der Unterwelt.*

**Weitere Autoren**

Der Grieche Aristomachos von Soloi war antiker Bienenzüchter und Forscher und hat sich im 3. Jahrhundert vor Chr., in umfangreichen schriftlichen Belegen umfassend mit der Imkerei und der Bienenkunde beschäftigt.

Er soll sich 58 Jahre intensiv mit der Bienenforschung beschäftigt haben und hat ein Werk mit dem Titel „Honigherstellung" verfasst. Wahrscheinlich hat er für dieses Werk, Quellen von Aristoteles oder anderen antiken Dichtern wie beispielsweise beim römischen Dichter Lucius Iunius Moderatus Culumella oder beim römischen Gelehrten und

Schriftsteller Gaius Iulius
Hyginus verwendet.

Aristomachos von Soloi,
wird mehrfach in Plinius
dem älteren Werk
„Naturalis historia
(Naturgeschichte)
erwähnt. Dies
unterstreicht den hohen
Stellenwert der
Forschungen, dieses
Autors.

Von der damals recht
zahlreich vertretenen
Literatur über die Imkerei
und der Bienenzucht sind
uns nur wenige
Bruchstücke erhalten
geblieben. Von den
wenigen, überlieferten
Werken ist nach
herrschender Meinung
Virgils „Georgica" das
bedeutendste. Nicht mit
Unrecht wird es als das
klassische Hohelied der
Landwirtschaft und
Bienenzucht der Antike
bezeichnet, deshalb soll
Vergil hier der
Hauptgrund sein.
Auf diesen und anderen
vorhandenen
historischen Quellen, hat
Vergil geschöpft und uns
die „Georgica", ein
wunderschönes

Lehrgedicht über den
Landbau hinterlassen.

Noch ein wichtiger
Hinweis. Es geht hier
nicht um eine
philosophische und
staatsrechtliche
Betrachtung, des
Lehrgedichts, sondern
nur um die natürlichen
Dinge, die Bienen, die
Bienenkunde, den
Pflanzen den Tieren und
der Natur.

Was Vergil hier
philosophisch und
staatsrechtlich meinte,
wird nicht untersucht.
Sondern es wird
beispielsweise der Frage
nachgegangen, was
könnte Vergil mit dem
Beispiel der Bugonie
gemeint haben. Vielleicht
schildert er hier ein
besonderes Ereignis,
flügelloser Bienen das Aas
fressen.
Wie werden sehen.


## Rückblick

Trotz des enormen
Zeitenwandels der Welt,
seit der Entstehung dieses
Werkes von Vergil, mit
vielen neuen

Errungenschaften und bahnbrechenden Erfindungen, neuen Lebensweisen anderen Weltanschauungen und dem technischen Fortschritt, hat sich Honigbiene, als nützliches Insekt seit diesem langen Zeitraum nicht verändert, obwohl die modernen Bedrohungen sehr zugenommen haben.

Das Verhältnis vom Menschen zur Natur, hat sich mittlerweile zwar grundlegend verändert, dennoch bauen die Bienen, unter erschwerten Umweltbedingungen, auch heute noch immer kunstvoll ihre Waben und hatten nie etwas anderes im Sinn, als Nektar und Pollen zu sammeln. Diese nützliche, vom Menschen hochgeschätzten Eigenschaften, haben sich die Bienen gottlob bis heute erhalten.

Dass macht deutlich, dass der Mensch nicht in der Lage ist, natürliche Evolutions-Entwicklungen zu manipulieren.

Zwar gibt es neue Honigbienen-Züchtungen, jedoch die Honigbiene als solche, ist eine Biene geblieben.

Verändert haben sich jedoch die Umweltbedingungen. Heute weisen der Nektar und die Pollen, zum Teil schädliche Inhaltsstoffe, insbesondere Pestizide oder andere Schadstoffe auf, die den Honig und die Pollen kontaminieren, seine Qualität deutlich herabsetzen und er zum Teil gesundheitsschädigend wirkt. Das gab es zurzeit von Vergil noch nicht.

Auch die Bienenhaltung, hat sich im Wesentlichen vom Kern her, nur wenig verändert. Auch heute setzten die Imker, genau wie die Imker in der Antike, Rauch ein, um die Bienen, die nach ihrem instinktiven Urverhalten flüchten wollen, zu beruhigen. Selbst die Bienenkrankheiten, werden heute noch zum Teil biologisch bekämpft. Es haben sich oft nur die Methoden geändert.

Auch schon früher, war
der Bauer darauf bedacht,
dass es seine Tiere im
Umfeld genug Nahrung
vorfinden und sie sich
wohlfühlen, damit die
Honigernte üppig ausfällt,
denn reiche Honigernten
bedeuteten Wohlstand
und Ansehen. Der Verlust
an Bienenvölkern,
bedeutete oft den Ruin.

Das Alter der Bienen lässt
sich durch Bernsteinfunde
in denen Bienen
eingeschlossen waren auf
etwa 40-50 Millionen
Jahre zurückfatieren

In den Spinnenhöhlen in
Spanien, wurde die als
„Honigjäger" bezeichnete
Malerei gefunden. Sie gilt
als eine der ältesten
Darstellungen ihrer Art.
(Lizenz: GNU General
Public License). Die
Darstellung unten entstand
etwa in der Zeit von
12000-7000 vor Christi.

Deshalb möchte ich nun
auch, das hohe Lied des
Lobes auf die
Honigbienen anstimmen.
Dies wird sich im
Weiteren noch
anschaulich zeigen. Man
ist voll Bewunderung,
sobald man sich näher

mit diesen Tieren
beschäftigt.
Nicht umsonst hat die
Generalversammlung der
Vereinten Nationen am
20. Mai zur Würdigung
der Bienen einen
Weltbienentag
ausgerufen. Es gibt kein
schöneres Geräusch als
das Summen der Bienen.
Das wusste schon König
Salomon, auf den ich

unten noch zu sprechen
komme.

Es geht auch darum, auf die
Gefährdungen den die Bienen
allgemein ausgesetzt sind,
hinzuweisen.

**Erläuterungen.**

**Eine Hommage auf unsere Honigbienen. Dem drittnützlichsten Tier der Welt.**

Wie oben vom Altphilologen Otto Schönberger erläutert, möchte ich anhand des vierten Buches von Vergil über die Bienenkunde (Apidologie), die Begriffe, die Vergil verwendete, und seine Beobachtungen den Leserinnen und Leser dieses Buches erläutern und versuchen zu ergründen, was Vergil speziell meinte und welche Irrtümer ihm nach Meinung der Wissenschaft dabei unterlaufen sind.

Vergil vermittelt uns realistische Bilder von der Bienenzucht, in einer kunstvollen Sprache. Dies gelingt ihm im außeror-

dentlichen Maße. Es geht hier allerdings schwerpunktmäßig nicht, um die dichterische Gestaltung eines Lehrgedichts und um das Lehrgedicht selbst, um die Darstellung eines Sachverhalts aus den Naturwissenschaften in poetischer Form, sondern, losgelöst, um die Imkerei und um alle damit verbundenen Fragen, dem Leben und den Umweltbedingungen, die Gefahren und dem Schutz der Honigbienen, der Honigernten und allen Fragen, die dem Schutz der Bienen dienen und um eine intakte Natur, so wie es Vergil anschaulich beschrieben hat.

Wer ebenso fasziniert, wie ich von diesen Tieren sein sollte und mehr über sie erfahren möchte, den lade ein dieses Buch aufmerksam zu lesen.

Vielleicht verändert sich dadurch auch der Blick auf die Insekten allgemein, denn das Insektensterben setzt sich leider drastisch fort.

Dann hätte sich dieser Beitrag gelohnt. Natürlich gäbe es noch viel mehr über die Bienenforschung, nach dem neusten Stand der Wissenschaft zu sagen, dieses Buch möchte aber nur ein allgemeiner Überblick geben und das

Interesse, an den

nützlichen Tieren

wecken.

„Der Mensch in seinem
Wissensdrang.

Sinniert und forscht ein
Leben lang.

Um dann verzichtend
einzusehn.

Im Grunde kann er nichts
verstehn.

(Karl von Frisch:
Erinnerungen eines

Biologen. 3. erweiterte
Auflage. 1973.

S. 183

Mit diesem Buch möchte

ich erreichen, dass sie

liebe Leserinnen und

Leser, am Ende des

Buches, doch einiges

mehr über Bienen

verstehen und sie ein

wenig liebhaben. Nein,

nicht nur lieb, sondern

auch Respekt vor ihnen

haben.

**Vergil Lehrgedicht über den
Landbau.**

### Vierter Gesang.

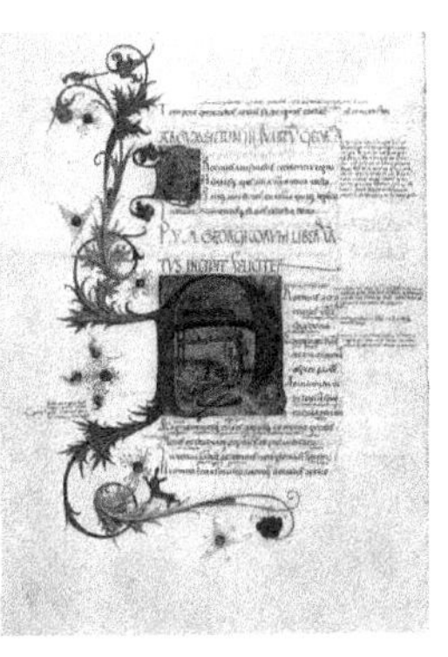

Der Beginn des vierten

Buches der Georgica in

der Handschrift Rom,

Biblioteca, Vaticanus

Palatinus lat. 1632, fol.

51v (1473/1474

geschrieben.

gemeinfrei)

Im vierten Gesang,

des Lerngedichtes

„Georgica" über die

Bienenkunde, erteilt

uns Vergil

erstaunliche und

fachlich sehr

versierte Ratschläge zur Bienenkunde. Sie sind bis auf wenige Kleinigkeiten absolut zutreffend und zeugen von einer reichen Erfahrung und einer guten Beobachtungsgabe. Es ist schon sehr erstaunlich, was Vergil zu seiner Zeit, nicht nur über die Honig-bienen, sondern auch über den Ackerbau, Obst und Wein-anbau und über die Viehzucht wusste. Vergil gilt als einer der wichtigsten Autoren der klassischen römischen Antike an der lateinischen Schullektüre. Es gab mit seinem Lehrgedicht „Georgica", den Menschen, der damaligen Zeit, praktische und wichtige Handlungsanweisungen an die Hand, denn viele, zum Beispiel ehemalige Soldaten, die nach dem Ausscheiden aus dem Militärdienst, ein Stück Land kaufen oder geschenkt bekamen, hatten von Ackerbau und Viehzucht, sowie von der Imkerei keine Ahnung.

In Pompeji fand man Zitate und Graffiti, die sich auf das Lehrgedicht Georgica beziehen. Das zeigt, das Interesse der Menschen Ferner fand man dort antike Bienenkörbe, aus Ton. Auch ich bin begeistert von diesem Werk. Fast jedes Wort hat eine besondere Bedeutung, wie wir sehen werden. Vergil hat seine Worte mit Bedacht gewählt.

Vergil sing im vierten Buch, das Hohelied auf die Bienen und er schildert im vierten Gesang, bestimmte auch für den Menschen geltende Daseinsbedingungen, zum Beispiel das Nachlassen der vitalen Lebenskraft, den Gemeinschaftssinn, die Inanspruchnahme von Hilfe und schließlich den Tod. Vergil stellt die Honigbienen, als einzigartige ganz erstaunliche Tiere vor.

Vergil führt immer wieder Vergleichsfelder und Situationen aus dem Menschenleben an, zum Beispiel den Fleiß und vergleicht sie mit den Bienen.

Gereizte und angriffslustige Bienen wurden schön früh mit angreifenden Völkerscharen (siehe Dtn 1,44 und weiteren Bibelstellen) verglichen. Auch Vergil lobt den Kampfesmut der Bienen.

"Da rückten die Amoriter, die dort im Bergland wohnten gegen euch aus. Sie verfolgten euch wie ein Bienenschwarm und versprengten euch in Seir (Gebirge im Süden) bis nach Horma (Bannort) hin. Sie wurden als „Vögel der Muse" bezeichnet. Bienen hatten einen hohen gesellschaftlichen Stand.

Wie wir unten näher erfahren werden, verliert Aristeus, ein ländlicher Gott und Beschützer der Bienen und der Imkerei durch ein tragisches Ereignis, sein gesamtes Bienenvolk, wie unten noch ausführlich geschildert wird.

Den Grund dafür erfährt er von Proteus, er ihm sagt, dass der Verlust seiner Bienen damit zu tun habe, dass er den Tod von Eurydike verschuldet habe. Seine Mutter Cyrene erzählt ihm aber, dass es Eurydikes Gespielinnen, die Waldnymphen gewesen seien, die die Pest über seine Bienen brachten. Diese beiden, unterschiedliche Varianten, sind schriftstellerischer Natur. Wir erfahren hier bereits, dass eine grausame Pest die Honig-Bienen von Aristeus hingerafft hat. Auf die Aristeus oder OrpheusGeschichte, wird hier nur so weit eingegangen, wie es für die Bienenkunde notwendig ist. Es handelt sich bei von Proteus bzw. und von Cyrene abgegebene Erklärungen, um eine dichterische Variante von Vergil, auf die ich nicht weiter eingehe, und nicht versuche sie zu deuten, weil diese Erklärungen sich nicht auf die Bienenkunde beziehen.

Das gilt auch für den übrigen, dichterischen Inhalt des Lehrgedichts selbst. Es sollen lediglich die im vierten Buch verwendeten Fachbegriffe, die Flora und Fauna und alles, was sich auf die Bienen und die Imkerei bezieht erläutert werden.

Allein dieses umfangreiche Fachwissen von Vergil, finde ich schon sehr erstaunlich. Dies alles ohne technische Hilfsmittel, kein Mikroskop oder ähnliches.

Wer war nun dieser „**Vergil**".

Es handelt sich um Publius Vergilius

Maro, genannt Vergil. (70 v.Chr.-19 v. Chr.). Er war römischer Dichter und Epiker. Er lebte während der Zeit der römischen Bürgerkriege und des Prinzipats von Octavian. Er besuchte die Elementarschule in Cremona und später in Mailand.

Vergil Georgica: Lehrgedicht in vier Büchern. Das Erste Buch behandelt den Ackerbau, das Zweite den Obst- und Weinbau, das Dritte die Viehzucht und das Vierte die Imkerei und Bienenkunde.

Er war u.a. mit dem Kunst-Talentförderer Gaius Maecenas bekannt, auf den ich noch zu sprechen komme. Maecenas war ein Vertrauter und politischer Berater von Kaiser Augustus. Sein Name stand Pate für das Wort „Mäzen". Vergil widmet ihm zu Anfang des vierten Buches und drückt seine Hochachtung gegenüber Maecenas aus.

Zitat: „Das Schicksal findet seinen Weg." (Aneis, X, 113).

Darstellung von Vergil in einem Mosaik aus dem 3. Jahrhundert n. Chr. in Trier. (Gemeinfrei).

# Vom Landbau Viertes Buch.

## Namen, Begriffe und Ortsangaben.

### Vorbemerkung

Zwischen der Latein-Übersetzung von Altphilologe Otto Schönberger, die ich hier als Grundlage genommen habe und der Übersetzung des deutschen Dichters Johann Heinrich Voß (17511826) bestehen gewisse sprachliche und formelle Unterschiede sowie Diskrepanzen, bei der Auslegung bestimmter Fachbegriffe. Dies ist aber für diesen Beitrag, nicht weiter von Bedeutung, denn es geht ja fachlich nur um die Bienenkunde als solche.

Bei Widersprüchen bezüglich der Bienenzucht und Bienen-kunde zwischen den beiden Autoren, werde ich beide Varianten erläutern, und versuchen zu ergründen, was die Autoren sagen wollten.

Vergil betrachtet und berichtet über die Bienenkunde aus der Sicht eines Imkers, der bemüht ist, sein Volk gegen Feinde aller Art zu schützen und es zu hegen und zu pflegen und alles zu tun, damit es den fleißigen Honigbienen gut geht sie sich wohlfühlen und möglichst viel Nektar in die selbstgebauten Waben legen. Bienen bedeuten für die Imker Wohlstand und Anerkennung.

Honigbienen genossen im Altertum, dies stellt Vergil ausdrücklich fest, einer besonderen

Wertschätzung, denn Rüben oder Rohrzucker gab es noch nicht. Bienenhonig war von daher der wichtigste Süßstoff. Sie wurden als Boten der Götter bezeichnet. Der Göttervater Zeus trug den Beinamen „Bienenkönig".

Zunächst waren es die Griechen, die die Bienenzucht und entwickelten und Lehrmeister ihres Faches waren, später blühte auch die Bienenzucht im alten Rom auf.

Die Imkerei ist eng mit der Geschichte der Menschheit verbunden. Wir müssen diese fleißigen Tiere besser achten.

**Kurzer Blick in die Kulturgeschichte.**

Über die Existenz der Bienen und dem

Honig gibt es sehr alte Zeugnisse in Bernsteinfunden, die auf die Zeit von 4050 Millionen Jahren zurückgehen. In den meisten Religionen werden der Honig und die Honigbiene, gelobt und verehrt. Auch die Dichtkunst hat sich den Honigbienen angenommen. Honigbienen galten als Symbol für die göttliche Süße.

Schon vor 7000 Jahren beschäftigten sich die Steinzeitmenschen mit der Honiggewinnung, wie Felsenzeichnungen belegen. Die Menschen beobachteten die Natur und entdeckten eine Vogelart, der Specht Vögel, die durch laute Lockrufe, Bienenester in den Bäumen anzeigen. Diese Vögel, werden "Honiganzeiger" genannt.

Auf dem Nil waren die ersten Wanderimker unterwegs die dort ihre Bienenkörbe aufstellten. Überall wurde das Interesse an diesen nützlichen Tieren geweckt.

Natürlich kannten die Menschen auch schon früh die heilende

Wirkung des Honigs, die heute als Apitherapie bezeichnet wird. Die ältesten Zeugnisse, der Erwähnung von Honig, finden wir bei den Sumerern. Darauf gehe ich unten noch ein. Damals waren die Bienen, als Wildbienen noch nicht domestiziert. Die Domestizierung, der nützlichen Tiere, begann schon im Altertum. Man war sich der Bedeutung und der Nützlichkeit der Honigbienen voll bewusst.

Zunächst einige Fakten.

### Bedeutung

Wir wissen nicht, ob zurzeit von Vergil, auch schon ein „Bienensterben", wie es sich heute zeigt, bekannt war. Bienen haben sich in der Kreidezeit vor über110 Millionen Jahren entwickelt. Die „Westliche Honigbiene" (Apis mellifera) gab es schon vor 20 Millionen Jahren in Europa. Es geht deswegen heute auch darum, eine Bienenfreundliche Zukunft zu gestalten.

Die Bedeutung der Bienen, hat in dieser Zeit stets zugenommen. Sind doch etwa 80% der Wild- und Nutzpflanzen, auf die Bestäubung durch die Bienen angewiesen.

Vergil hat diese Bedeutung erkannt und „ihn" aufgetragen, mit dem kleinsten Nutztier des Menschen behutsam umzugehen. Der Honig selbst, der Wachs und Propolis, sind wertvolle Bienenprodukte.

Er konnte so einen gewissen Reichtum generieren. Viele biologische Zusammenhänge und Grundlagen waren Vergil noch nicht bekannt. Dennoch ist es erstaunlich, welches Wissen er sich allein durch die Beobachtung aneignete.

### 5. Begriffe, Personen, Ortsangaben

Die Erläuterungen der Begriffe und der Namen, die Vergil hier verwendet, sollen nur so weit ausgeführt werden, wie sie für das Werk und der Verständlichkeit notwendig sind.

**Honigbienen**

Bienen, sind älter als die Menschen.

Man fand sie in 50 Millionen altem Bernstein. Als die Menschen mit Ackerbau und Viehzucht begannen, sie also sesshaft wurden, kamen auch die Bienen allmählich in die Nähe ihrer Behausungen.

Sie sind eine wunderbare Naturgabe.

Die „Hauptpersonen", die Hauptakteure im Lerngedicht von Vergil sind die unermüdlich, arbeitenden Honigbienen, um sie dreht sich das ganze Geschehen. Honigbienen gehören zu den staatenbildenden, (soziale Struktur im Tierreich) Insekten und sind wie wohl kaum ein anderes Tier, eng mit dem Leben des Menschen verknüpft. Vergil lobt sie zurecht,

das wird unten noch werden.

Honigbienen, leben bereits seit 40 Millionen Jahren auf der Erde. Es handelt sich bei unseren Bienen, um die westliche Honigbiene oder Europäische Honigbiene „Apis mellifera", ein unermüdliches, kleines Nutztier mit einer hohen Sozialstruktur, aus der Ordnung der Hautflügler (Hymenoptera), auf die ich unten noch ausführlich zu sprechen komme.

Die nützlichen Tiere wurden schon vor Jahrhunderten domestiziert. Ursprünglich lebten sie in Baum- und Erdhöhlen, sowie Nischen. Heute wird den Tieren nach dem Schwärmen, durch die Imker eine Behausung angeboten, die für die Honigbienen eine gute Lebensgrundlage sind.

Von der westlichen Honigbiene gibt es verschiedene Unterarten, die in Ländern heimisch sind, wo Vergil niemals war und die er nicht beobachtet haben konnte. Seine Beobachtungen konzentrierten sich auf die westliche Honigbiene und die in seiner Heimat vorkommenden Unterarten.

Heute ist die gesamte Biologie der Bienen erforscht Wir wissen, dass das Gehirn der Honig-Bienen, die Größe eines Stecknadelkopfes hat, mit 950000 Nervenzellen. Wir wissen, dass diese nützlichen Tiere, auf bestimmte Reize reagieren. Sie haben einen fürsorglichen Gemeinsinn entwickeln und verschiedene Dinge und Fertigkeiten überraschen den Menschen.

Vergil konnte nicht beantworten, ob die Tiere hören können. Mit dieser Frage werden uns bei den Cureten noch beschäftigen. Die moderne Bienenwissenschaft, wird Auskunft geben. Vergil beobachte die Tiere genau und fasste Rückschlüsse aus den Beobachtungen. Er ahnte vieles, was heute bewiesen ist. Deswegen ist die Orientierung nach Vergil hier erforderlich.

## Was Vergil nicht wusste, nicht wissen konnte.

Die moderne Wissenschaft über die Bienen von Friedrich von Frisch, Carl von Hess, Karl, Daumer, Marin Lindener, Ernst Wolf, Jean-Henri Fabri und Lars Chittka und viele andere Forscher haben uns, ein neues, interessantes Bild über die Bienen eröffnet.

Wir können davon ausgehen Vergil nur die sozialen Bienen, die Stockbienen und nicht die Solitärbienen kannte und beobachtete. Ich gehe aber unter auf einige Unterarten ein. Vergil konnte auch nicht wissen, dass die Bienen rot blind sind und ultraviolettes Licht sehen.

Er beobachtete die Feinde der Bienen genau und beschrieb sie gut. Die Krabbenspinne erwähnt er allerdings nicht. Dies schmälert seine Arbeit nicht, vielleicht war dieser gefährliche Lauerjäger, der seiner Beute Gift in den Nacken spritzt nirgend wo zu sehen, weil sich die Krabbenspinne sehr gut tarnen kann. Auch konnte er nicht erklären, wie die Bienen von der Nektarsammelstelle, zu ihrem Stock zurückfinden, manchmal über mehrere Kilometer entfernt. Heute wissen wir, dass die Bienen über einen Sonnenkompass verfügen, der auch funktioniert, wenn die Sonne nicht scheint. Sie leben in anderen Lichtverhältnissen, weil sie UV-Licht sehen, der Mensch aber nicht. Sie sehen und damit auch die Farben, anders als wir Menschen.

Wir können uns nicht vorstellen, was und wie wir sehen würden, wenn wir Ultraviolettes Licht sehen könnten.
Eine völlig andere Vorstellungswelt. Unterschiedliche Beleuchtungsstärken, haben Einfluss auf die Bewegung von Organismen. Diese Fortbewegungsmechanismen spielen auch bei Bienen eine wichtige Rolle. Heute weiß man auch welche Farbvorlieben die Bienen haben.

Das komplexe Bienenauge mit Komplex- und Facettenaugen und drei kleinen Punktaugen den „Quellen" ist heute gut erforscht. Dieses fantastische durch die Evolution, perfekt entwickelte Sehorgan konnte Vergil nicht kennen.

Ich gehe auf die Entwicklung der Bienen-Forschung hier nicht näher ein, sondern erwähnte einige Fakten der Vollständig halber, um auch darzustellen, was Vergil, ohne technische Hilfsmittel bereits erkannte und beurteilte. Heute ist man sicher, dass die Bienen über eine Art Arbeitsgedächtnis verfügen und sie über ein räumliches Lernen verfügen, einen Heimkehrsinn haben und gegenseitig voneinander lernen.

Den Bienentanz hat Vergil auch beobachtet, konnte aber keine Schlüsse ziehen. Heute weiß man das der Bienentanz, die nächste Futterstelle anzeigt. Je länger der Schwänzeltanz dauert, je weiter entfernt liegt die Futterstelle. Die Wegfindung zurück zum Stock ist auch durch magnetische Bedingungen und durch eine kognitive, Wegeintegration begründet.

Mit Sicherheit spricht Vergil nur von den sozialen- den Stockbienen und nicht den Solitärbienen, obwohl ich zur Abrundung einige Unter- und Wildarten erwähnen möchte. Ein Bienengehirn konnte er sich auch nicht vorstellen. Heute ist es sehr gut erforscht.

Heute spricht man nicht davon, dass so ein kleines Tier ein kleines Hirn hat, sondern davon, dass so ein kleines Tier, so ein großes, bezogen auf die Körpergröße hat.

Vielleicht hat Vergil, mit seinen intensiven Beobachtungen, die Bienenforschung in Gang gebracht. Schauen wir uns noch ein paar Unterarten an, die über fast die gleichen Eigenschaften wie die sozialen Bienen verfügen.

## Unterarten

So könnte er beispielsweise die sogenannte „Krainer-Biene" (Kärtner Biene. Apis mellifera carnica), und die italienische Honigbiene (Apis mellifera ligustia), gesehen haben.

Die italienische „Ligustica" und die „Carnica-Bienen entwickelten sich, aus der „Dunklen Europäischen Biene "Apis mellifera mellifera), die wiederum eine Unterart der westlichen Honigbiene ist. Es gibt weitere Honigbienen, etwa die Teilbiene, die aber nur in Nordafrika vorkommt. Vergil konnte diese Unterarten noch nicht kennen.

Die italienische Honigbiene, ist wegen ihrer guten Sammeleigenschaften und wegen ihrer ausgesprochenen Friedfertigkeit, bei den Imkern sehr geschätzt. Sie gilt als beste Sammlerin der

nektarreichen Blüten-
Honige, diese Bienenart
wird Vergil beobachtet
und genau beschrieben
haben. Die Buckfast-
Biene, kann Vergil nicht
gesehen haben, sie
wurde erst im Jahr 1916
als neue Züchtung, vom
Kloster Buckfast bekannt.

Vergil hat wohl nur die
sozialen, die Stockbienen
und nicht die Solitärbienen
beobachtet.

Durch Züchtungen hat
man versucht, die
Sammeleigenschaften zu
erhöhen. Ziel der
Forschung ist es aber
auch, die Honigbienen
widerstandsfähiger
gegen Krankheiten und
Schädlinge zu machen.
Ich werde darauf
eingehen, soweit es eine
Parallele zu Vergil gibt.

Biologisch werden die
Honigbienen, wie auch die
anderen Tiere, Pflanzen
und Lebewesen mit
zweistelligen lateinischen
Namen benannt. Wobei
der erste Teil, die Gattung
und der zweite Teil die Art
ausdrücken. „Apis" steht
demnach für „Biene" und
„mellifera" für „Honig".
Apis hat in der

Mythologie, mehrere
Bedeutungen, die aber
hier im Zusammenhang
keine Rolle spielen. Apis
ist auch eine Arznei zur
Behandlung von
Bienenstichen.

Bienen gehören zur Klasse
der „Insekten". Bienen, die
über einen „Wehrstachel"
(Giftstachel) verfügen, sind
Stechbienen.

Mit dem Giftstachel
können die Tiere ein
giftiges Sekret, in den
Körper eines Feindes
spritzen. Manchmal ist
dieser „Feind" auch ein
Mensch, der einen
schmerzhaften Stich
erleidet. Dies ist wohl der
Hauptgrund, warum die
Menschen vor den Bienen
Angst haben.

Diese Angst ist aber bei
den Honigbienen, oft
unbegründet, wie wir
noch sehen werden.

Sie können stechbereite
Bienen am Summton
erkennen. Es bahnt sich
durch den Bienen- Klang,
etwas Bedrohliches an.
Auf Schirrgeräusche und
andere Töne, gehe ich
unten Erfahrene

Imkerinnen und Imker noch ein.

Weltweit gibt es neun HonigbienenArten. Diese neun Arten, ob groß ob klein arbeiten auf der ganzen Welt unermüdlich und sorgen für die lebenswichtige Bestäubung der Pflanzen und stellen den Menschen den Honig unentgeltlich zur Verfügung. Die wirtschaftliche Bedeutung der Honigbienen konnte Vergil noch nicht abschätzen, er wusste aber, dass die Tiere wertvoll sind. Schätzungen zu folge, liegt der globale wirtschaftliche Nutzen der natürlichen Bestäubung aktuell bei etwa 265 Milliarden Euro!

Damit steht die Honigbiene, in der Skala der Nutztiere, hinter dem Rind und dem Schwein an dritter Stelle.

Honigbienen haben ein komplexes Gehirn. Sie können Muster unterscheiden und Bilder der Umgebung speichern, Informationen sammeln und weitergeben und verfügen über ein Zeitgedächtnis. Wir werden über sie noch erstaunliche Dinge hören. Wir müssen sie deshalb unbedingt schützen.

Vergil lobt ihren Fleiß, ihre Loyalität, ihre künstlerischen Qualitäten, die Arbeitsteilung und Geselligkeit sowie die Ordnung im Bienenstaat, der die menschliche Rechtsordnung widerspiegelt und er beschäftigt sich mit den drohenden Gefahren, den Bienenfeinden und mit den Bienenkrankheiten.

Unsere Bienen und wohl auch die Bienen zurzeit von Vergil, sind auf Blütenpflanzen mit Bedecktsamer (Angiospermen) angewiesen.

Die Bedecktsamer haben sich im Rahmen der Evolution, zu höchstentwickelten Samenpflanzen entwickelt. Bei den Bedecktsamern ist die Samenlage immer durch Fruchtblätter, gebildete Gehäuse, dem Fruchtknoten eingeschlossen. Bei Nacktsamer (Gymnosspermae) ist die

Samenlage nicht durch einen Fruchtknoten eingeschlossen.

Vergil erwähnt hierüber nichts. Er beobachtete zwar das Blütenverhalten der Honigbienen, unterschied aber nicht zwischen Bedeckt- und Nacktsamer.

Heute steht fest, dass sich zwischen den Bienen und den Blüten, gewisse, gegenseitig, nützliche Partnerschaften entwickelt haben. Man belohnt sich gegenseitig; die Pflanzen verbessern nachhaltig ihre Fortpflanzungschancen, ähnlich einer Bestandsgarantie und entwickeln, süßere Säfte als zuvor und steigern durch diese Partnerschaft die Zuckerkonzentration.

Die Honigbienen fliegen sie deshalb bevorzugt an. Vielleicht kann man hier sogar von einer natürlichen Symbiose sprechen denn auch die Tiere, bevorzugen Pflanzen, die ihnen Nutzen bringen.

Aber das nur am Rande. Vergil hat diese Verhaltensmuster und Abhängigkeitsstrukturen, nicht in allen Einzelheiten erkennen und beschreiben können, hat aber dem Bauer immer wieder praktische Ratschläge erteilt, um diese Partnerschaften zu unterstützen. Was Vergil beobachtet hatte, wird heute, durch die moderne Wissenschaft im Wesentlichen untermauert.

**Insekten**

Insekten die „Eingeschnittenen" oder „Eingekerbten" (insectum), deutet daraufhin, dass die Insekten stark voneinander abgesetzte Körperteile haben, die wie Einkerbungen aussehen. Deshalb sie auch Kerbtiere oder Kerfe genannt werden. Sie haben immer drei Beinpaare, daher ist ihr wissenschaftlicher Name: Sechsfüßer oder Hexapoden.

Sie sind die artenreichste Klasse unter den Gliederfüßer.

Die Insekten allgemein, sind wichtige Mosaike, in unseren Ökosystemen.
Der Skarabäus beispielsweise, war in Ägypten ein göttliches Tier und galt als heiligen Pillendreher.

Er wurde extra für den Pharao, als Gedenkskarabäus angefertigt und in sein Grab gelegt. Wenn man Abbildungen von Insekten in Biologiebüchern anschaut, und sieht, dass die kleinen Tiere auch ein Herz haben, dann sollten, wie für sie auch eins haben, Vergil hat uns den Auftrag dafür gegeben.

Heute müssen wir diese Tiere, zwar nicht mehr als göttlich ansehen. Es wäre schon genug, wenn wir sie in Ruhe und am Leben, lassen würden. Sie tun den Menschen in der Regel nichts und erfüllen, vielfältige nützliche Dienste.

Jeder kann mit dazu beitragen, das fortschreitende Insektensterben in seinem Bereich einzudämmen.

Die Lebensweisen, Umweltansprüche an Klima und Nahrung der einzelnen Arten sind recht vielfältig. Neben den **Generalisten,** die bei ihrer Nahrung flexibel sind, gibt es aber auch **Spezialisten**, die ein ganz bestimmtes Nahrungsangebot und bestimmte Lebensräume, zum Überleben benötigen.

Natürlich hat sich die Welt und auch die Natur seit Vergil stark verändert und es ist nicht bekannt, ob Vergil zu Lebzeiten schon einen derartigen Artenschwund und ein Insektensterben beobachtet hatte, wie er sich heute leider abzeichnet. Heute müssen wir aber bestrebt sein, die Insekten zu schützen und zu erhalten. Jeder kann dazu beitragen. Gebt den Insekten eine Lobby. Denn wir die Menschen sind, das wird noch deutlich werden, auf die fleißige Bestäubung angewiesen. Und die kleinen Krabbeltiere räumen auch die Welt auf.

Sie zersetzten Dung und abgestorbene Materie und verbessern nebenbei dadurch die Bodenqualität.

Im Rahmen des Wissenschaftsgebiets „Bionik", wo neue Technologien nach dem Vorbild der Natur entwickelt werden, hat man sich viele nützliche Eigenschaften von den Insekten abgeschaut.

So hat man beispielsweise im Rahmen der Fächel-Kinematik der Bienen, die sie einsetzten, um den Bienenstock zu entlüften, versucht, einen hocheffizienten Miniatur-Schwingungslüfter zu entwickeln bzw. einen Computer- Ventilator nach den Flügelschwingungen der Honigbienen zu bauen. Andere Tier- Phänomene aus der Natur, hat man bereits erfolgreich übernommen.

Wie bringen es die kleinen Tiere fertig, einen großen Bienenstock zu entlüften. Das wollten die Wissenschaftler herausfinden. Auch die Wabentechnik, die Strukturbionik und weitere Eigenschaften der Honigbienen, haben Modell für manche praktische Entwicklung gestanden.

Dass der Mensch heute, bestimmte, nützliche Tiereigenschaften erforscht und sie sich zu eigen macht, konnte Vergil nicht ahnen. Es sollte auch nur ein Beispiel sein, wie die Wissenschaft, durch Beobachtungen der Natur, neue Technologien für die Menschen entwickelt. Man denke in diesem Zusammenhang, etwa an die Flugeigenschaften der Vögel.

**Imkerinnen, Imker, Imkerei.**

**Ein Leben für Honig und Pollen.**

Die Imkerei hat eine lange Tradition.

Das Wort **Imker** ist eine Zusammensetzung aus dem niederländischen Begriff „Imme" für „Biene" und dem mittelniederdeutschen Wort "kar" für „Korb, Gefäß. Damit ist bereits ausgedrückt, dass sich die Immen in einen Korb befinden.

Vergil erwähnt das Wort nicht, denn diese Wortschöpfung entstand erst viel später. Vergil spricht von „einem" und zu Anfang des Textes führt er aus": Ich will dir das wunderbare Schauspiel einer leichten Welt schildern."

Die Imkerei ist eng mit der Menschheit verbunden, gleichsam einer engen Symbiose. Es gab noch nicht die gezielte Haltung von Honigbienen wie wir sie heute kennen, sondern zunächst wurde der Honig, aus hohlen Baumstämmen, wo die Bienen ein Nest gebaut hatten, abgeerntet.

Man schnitt in die Bäume entsprechende Löcher, um den Bienen Behausungen zu bieten, in der Hoffnung, sie würden sich im Baum ansiedeln. Das war der Beginn einer gezielten Bienenzucht, daraus entwickelte sich die Klotzbeute, eine vom Menschen hergestellte Bienenbehausung zur gezielten Ansiedlung von Bienen.

Der Honig lockte allerdings früher so manchen Bären. Der Geruch war verführerisch. Heute werden die Bienen, wie wir unten sehen werden, mit Pheromonen angelockt.

Vor etwa 7000 begann bereits die gezielte Haltung von Honigbienen. Wildbienen, wurden allmählich zu nützlichen Haustieren. Der Honig galt als Speise der Götter. Die erste Blütezeit erlebte die Imkerei im alten Ägypten um 3000 v.Chr. Heute erfreut sich die Stadtimkerei zunehmender Beliebtheit. Damals war allerdings die Imkerei die Sache der Frauen.

Früher nannte man sie Zeidler auch Bienenwärter aber auch Bienenmeister, Bienenvater, Bienenmann, Biener, Bienenwärter und Honigbauer. Bei der Zeidlerei wurde aber der Honig von wilden oder halbwilden Solitär-Bienenvölkern gesammelt. Allen war gemeinsam, die Pflege und den Schutz der Bienen.

In 8000 -12000 Jahren alten Höhlenbildern, waren schon Menschen als Honigjäger zu sehen. (Abbildung oben) Die Zeidlerei bedeutete das gewerbsmäßige Sammeln von Wildhonig

Als die Menschen allmählich zum Ackerbau und der Viehzucht übergingen, siedelten sie auch Bienenvölker in die Nähe ihrer Behausungen an.
Man entdeckte die Biene als Haustier.

Die Geschichte Bienen-Wirtschaft, die Bienenkunde und die Bienen-Biologie sind sehr interessante Wissensgebiete. In Deutschland gibt es heute 135000 Imker, die circa 9000000 Bienenvölker besitzen die im Jahr, je nach Tracht, zwischen 15000- 25 000 Tonnen Honig produzieren.

Weil die Bienenstöcke leicht transportiert werden können, hat sich eine Wanderimkerei etabliert, die dort hinwandert, wo eine Tracht zu finden ist. Die können hier leicht Nektar und Pollen sammeln.

Das Leben für Nektar und Pollen, wird nicht nur den Honigbienen, sondern auch für die Wildbienen und den anderen Bestäubern, zum Beispiel Schwebfliege, zunehmend durch den Menschen schwer gemacht.

Das Grundübel unserer Zeit ist, zu viel Dünger zu viel Pestizide und der Klimawandel. Die Bestäuber sind heute neuen, gefährlichen Gefahren ausgesetzt, die Vergil noch nicht kannte.

Natürlicher Dünger, also Ausscheidungen, von Menschen und Tier –

wird schon seit Jahrtausenden in der Landwirtschaft für eine Steigerung der Erntemenge verwendet. Seit Pferde und Rinder den Pflug über die Felder zogen, sahen Bauern, dass tierische Ausscheidungen die Fruchtbarkeit des Bodens erhöhten.

Auch menschliche Exkremente wurden gesammelt, und die Felder wurden damit gedüngt. Aber heute reicht die natürliche Düngung nicht mehr aus, um die ständig wachsende Weltbevölkerung zu ernähren. Auch die Gründünung, bei der stickstoffreiche Pflanzen untergepflügt wurden, ist schon seit den Römern bekannt und ist lediglich eine Ergänzung.

Auch die Brachlegung zur Regeration der Böden, kann heute, wegen dringend benötigter Ackerflächen kaum durchgeführt werden. Aber auch schon zurzeit von Vergil, sprach der römische Philosoph Seneca von der „Altersschwäche der Böden".

Durch die Düngung sollten die Böden eine Verjüngungskur erfahren und wieder mehr Ertrag abwerfen.

Deswegen suchten die Menschen nach einem Düngemittel-Surrogat, um mehr Ertrag aus den Böden zu holen.

Einen Dünger, der den Tierischen ablösen oder in Ergänzung mit ihm eingesetzt werden könnte. Einen solchen Kunstdünger erfand der Chemiker Justus von Liebig (1803-1873).

Aber auf die Bestäuber- Welt bezogen, erweisen sich der zu viel eingesetzter Kunstdünger, die Pestizide und der Klimawandel, als Bestäuber-Feinde. Sterben also die Insekten, sterben auch die Tiere, die auf die Insekten als Nahrungsgrundlage angewiesen sind. Es entwickelt sich ein verhängnisvoller Dominoeffekt, der in die Sackgasse führt.

Heute spricht die Wissenschaft von Überdüngung, einer übermäßigen Anreicherung, von Nährstoffen in den Böden Diese Überfrachtung führt dazu, dass die Böden die Nährstoffe nicht zu 100 % aufnehmen können und dadurch das Grundwasser belastet wird und zu viel Dünger mit dem Regen abgeschwemmt wird, und zur Eutrophierung, dem Eintrag in fließende und stehende Gewässer führt. Auf die Überdünung und die damit verbundenen, zusätzlichen Umweltproblemen, die Vergil nicht kannte, und ein eigenes Thema darstellt, gehe ich nur kurz ein. Die Überdüngung, führt zu monotonen Pflanzengesellschaften und zur Verarmung der Tier- und Pflanzenwelt.

Darüber hinaus verändern sich die Pflanzeninhaltsstoffe, beispielsweise die Alkaloide, und andere Mikroinhaltsstoffe, die die verschiedenen Individuen zum Beispiel die Raupen für ihre Entwicklung benötigen. Man kann also sagen, dass sich die Pflanzensäfte, der Pflanzencocktail, sich durch den Einsatz von Chemie, in einen Giftcocktail verwandelt hat.

Auch die wichtigen pflanzliche Duftstoffe, die sich stimulierend auf die die Bestäuber auswirken, haben sich verändert. Wichtige Indikatoren des Umwelt- Milieu eben-so. Es ist wissenschaftlich bewiesen, dass die Honigbienen durch das ungewollte Aufnehmen von Pestiziden ihre Orientierung verlieren und nicht mehr, so als seien sie betrunken, zum Stock zurückfinden.

Vergil konnte solche Irrflüge nicht beobachten, da es noch keine Pestizide und Nervengifte gab. Der Einsatz von Pestiziden ist seit 1950 um das Fünfzigfache gestiegen und das wirkt sich, wie sich jedes Jahr, in erschreckender Weise erneut zeigt, zu einem massiven Insektensterben.

Die große Trockenheit der letzten Jahre, hat

dazu geführt, dass die Pflanzen weniger Nektar produzieren. Die Honigbienen unserer Zeit müssen mehr arbeiten für weniger Ertrag und der Mensch muss endlich begreifen, nicht weiter die Lebensräume der Insekten zu zerstören. Eine schnelle Umkehr ist dringend geboten. Denn insgesamt 70 % der Lebensräume befinden sich aus Sicht des Artenschutzes, in einem nicht zufriedenstellenden oder schlechten Zustand.

Die Alarmglocken läuten. Wenn die Bestäubungsdrohen, über unsere Felder brummen, ist es zu spät.

Auch zu Vergils Zeiten gab es Anlass zur Sorge und der Greis, musste alles in seiner Macht Stehende tun, um seine Biene zu schützen. Allerdings waren die anderen Gefahren, die man heute wiederum nicht mehr kennt.

Kommen wir nun zu einem weiteren wichtigen Fachbegriff, der „Tracht". Dieser Begriff spielt in der Bienenzucht und der Imkerei eine wichtige Rolle.

Es gibt in der Natur, eine besondere Art, die sich nichts aus Pollen machen.

Die werden bezüglich des Bildes der Bugonie von Vergil kurz besprechen.

## Tracht

Unter **Tracht**, ist hier nicht ein traditionelles Bekleidungsstück und auch nicht, eine Tracht Prügel, sondern eine Bienentracht oder sprichwörtlich die Bienenweiden gemeint. Man könnte auch von der Gesamtheit, allen Bienennährpflanzen. Diese Pflanzen zeichnen sich im Allgemeinen durch einen hohen Nektar- und Pollenwert aus. Bienen bevorzugen diese Pflanzen. Vergil spricht nicht ausdrücklich von Tracht, meint aber das Gleiche, indem er Trachtpflanzen benennt und „Ihn" auffordert und berät, diese Pflanzen und Blumen, in der Nähe seiner Behausung zu pflanzen und zu betreuen.

Alles soll dort gedeihen, was für den natürlichen Lebensbedarf der Honigbienen erforderlich ist.

Vergil erkannte durch seine genauen Beobachtungen, welche Blumen und Pflanzen, die Honigbienen besonders lieben.

Unter Tracht wird bei den Imkern, das Gesamtangebot, an Nektar Pollen und Honigtau, angesehen, was die Honigbienen in einen Bienenstock eintragen. Die Trachtpflanzen bilden dabei in ihrer Gesamtheit die Bienenweiden. Die Trachten der Natur, sind die notwendigen Ernährungsgrundlagen für die Bienenvölker, seien es nun Wild- oder Hausbienen.

Als Tracht wird aber bei Bedarf auch Wasser in den Stock eingetragen. Zur Vorbereitung von Propolis, benötigen die Baubienen, Baumharze. Tracht ist also die Gesamtheit aller dieser Stoffe. Der Standortfaktor, möglichst viel Trachtpflanzen in der Nähe des Bienenstockes zu platzieren, ist dabei besonders wichtig. Auch die Blühfolge in der Jahreszeit, ist zu beachten. Dies alles soll er bedenken, damit er später eine ausgiebige Honigernte einfahren kann und sein Bienenvolk gesund bleibt.

Eine weitere Trachtquelle stellt der Honigtau dar, auf den ich unten noch zu sprechen komme. Wie ergiebig eine Bienen-Trachtpflanze ist, hängt von verschiedenen Faktoren, wie Bodenbeschaffenheit, Klima, Höhenlage und den herrschenden Witterungsbedingungen ab.

Heute herrschen andere klimatische Bedingungen als zurzeit von Vergil, sodass sich das Trachtangebot der Natur biologisch verändert hat.

Vergil hat gewiss noch nichts vom Klimawandel und der Erderwärmung gehört, mit den die

Menschen heute konfrontiert werden. Durch seine genauen Naturbeobachtungen und dem Anflugverhalten der Honig-bienen, auf bestimmte Blüten und Pflanzen, konnte er wissenschaftlich Rückschlüsse ziehen.

Natürlich wäre zum Klimawandel, hier noch ausführlicher zu berichten, aber Vergil war die Erderwärmung noch nicht bekannt, sodass wir uns weiter dem Text zuwenden.

**Echter Thymian**

Vergil führt, wie wir unten noch sehen werden, eine Reihe von Trachtpflanzen an, die die Honigbienen zur Erzeugung von Honig bevorzugen. Dazu gehört beispielsweise der echte Thymian, auch römischer Quendel genannt (Thymus vulgaris),

Echter Salbei auch Küchensalbei genannt (Salvia officinalis),

Die Linden (Tilia),

Die Ruthenische Kugeldistel (Echinops ritro),

Weidenbäume (Salix), gelber Steinklee (Melilotus)

Beim Steinklee- "Melilotus", lässt der lateinischen Namen, schon erkennen, dass es sich um eine ergiebige Bienentrachtpflanze handelt, warum dieser Hülsenfrüchtler, auch Honigklee genannt wird. Die verschiedenen Honigkleearten, eignen sich als Bienenweide oder zur Gründünung.

Ferner die Saat- Esparsette (Onobrychis). Die gewöhnliche Robinie (Robinia pseudocacia) und andere Trachtpflanzen, die Vergil nicht ausdrücklich erwähnt.

Er beobachte, dass die Honigbienen, diese Trachtpflanzen mochten und sie immer wieder anflogen. Wir werden sehen, welche Bedeutungen sie für die Bienen haben, die ihnen gegenüber eine gewisse Blütentreue ausdrücken.

Heute könnte man weitere Bienentrachtpflanzen hinzufügen, die für die

Honigbienen attraktiv sind, etwa den Raps, den Buchweizen und verschiedene Obst und Gemüsepflanzen. Etwa ein blühender Kirschbaum.

Gibt es eine gegenseitige Liebe zwischen den Tracht-Pflanzen und den Honigbienen?

Gibt es dafür verlässliche Indikatoren. Wichtig ist hierbei, dass die Trachtpflanze möglichst lange zur Verfügung steht und keine Trachtlücken entstehen. Dieser Frage werden wir noch ausführlich nachgehen.

Es gibt verschiedene Trachtpflanzen, die die Bienen besonders schätzen, aber die Menschen nicht, zum Beispiel, der Riesenbärenklau, der wegen seiner gesundheitlichen Risiken, als problematisch eingestuft und gekämpft ist, von den Bienen aber gern angeflogen wird.

Es geht bei den Bienen-Trachtpflanzen nicht nur-ausschließlich um den Honig selbst, sondern auch um den Pollenertrag und auch um Propolis, auf den ich unten noch zu sprechen komme, also um das gesamte, Angebot, was eine Tracht-pflanze in der Natur zur Verfügung stellt und dass die Honigbiene nutzen kann.

Wobei der Flieder beispielsweise, von Honigbienen nicht aufgesucht werden kann, weil der Bienenrüssel zu kurz oder zu dick ist und die Blüte zu klein, als das darauf die Bienen landen könnten. Ebenso verhält es sich beim Schwarzen Holunder. Diese beiden Arten, werden von Schmetterlingen und Schwebfliegen bestäubt, sie eignen sich nicht als Bienenweide. Der Wein schließlich ist Selbstbestäuber aber sonst, sind grundsätzlich, alle andere Pflanzen, mehr oder weniger als Trachtpflanzen geeignet. Die Wertigkeit und die Nutzenerbringung wird hier, nach Nektar und Pollenwerten beurteilt.

Je nach vorherrschender Jahreszeit, die ist die Güte der Tracht recht unterschiedlich, zum Beispiel, wenn als Massentracht der „Raps" vorherrscht, wird Rapshonig erzeugt. Wenn die Linden blühen, überwiegend Lindenhonig (Sommertracht). Jeder kann nach Belieben aus dem reichen Angebot seinen Honig wählen.

Allgemein kann man sagen, dass eine gute Tracht, das Erstarken der Bienenvölker fördert und in der Regel eine gute und ergiebige Honigernte verspricht.

Pflanzen wirken auf uns hilflos. Sie können nicht weglaufen oder um Hilfe schreien. Deswegen entwickelten die Pflanzen im Rahmen der Evolution bestimmte, fein ausgeklügelte Abwehr, aber auch Willkommen Mechanismen.
Dies werden wir unten sehen.

**Anerkannte Bienentrachtpflanzen.**

**Bienennährpflanzen auch Bienenweidenpflanzen.**

Vergil hat ohne die Blume, Staude oder Pflanze botanisch erklären zu können, beobachtet, dass Bienen bestimmte Pflanzen bevorzugen, wohl wegen ihres Nektargehalts.

Vergil hat einige BienentrachtPflanzen ausdrücklich erwähnt, darauf wird noch hingewiesen. Außerdem werden heute insbesondere, folgende Trachtpflanzen als Bienenweiden angesehen, die ich zur Abrundung des Themas vorstellen möchte.

Da ist zunächst der Raps. (Brasssica napus).

Raps ist für die Honiggewinnung von großer Bedeutung. Der Nektar- und Pollenwert beträgt 4. Der Zuckergehalt ist somit hoch. Ein Hektar kann einen Honigertrag, von 494 Kilo erbringen. Allerdings ist die Blütezeit, relativ kurz.
(Josef Lipp „Handbuch der Bienenkunde- Der Honig-, 3. Neuüberarbeitete. Aufl. Stuttgart 1994 ISBN 3-80017417-0 S. 18, 37f).

Dann kommen wir zur Gattung „Phacelia". Da diese Pflanze, bei Bienen sehr beliebt ist, wird sie auch Bienenfreund genannt.
Der beachtliche Trachtwert, ist etwa so hoch, wie beim Raps. In der Blühsaison, sind auch hier Erträge von 500 Kilo pro Hektar möglich. (Siehe Lipp. S.37 f). Die Pflanze ist auch unter dem Namen Rainfarn- Phazelie bekannt und ist eine wichtige Pollen -und Nektarquelle.

Als nächste Pflanze muss der echte Buchweizen, auch Heidekorn genannt (Fagopyrum esculentum) erwähnt werden. Buchweizen ist ein „Pseudogetreide". Buchweizen, bietet den Honigbienen eine reiche Nahrungsquelle. Der Zuckerwert beim Buchweizen liegt durchschnittlich bei 46%. Die Honigerträge liegen hier auch bei rund 500 Kilo pro Hektar.

Nun zur Durchwachsende Silphie. (Silphium perfoliatum)

Die Pflanze blüht bis September und ist eine wichtige Bienenweide. Die Pflanze ist in Nordamerika beheimatet. Vergil, kann sie nicht gesehen haben. Das ist hier im Moment auch von Bedeutung, wichtig ist allein die lange Blütezeit, was den Bienen insbesondere dann hilft, wenn es in der Natur kaum noch blüht.

Kommen wir nun zu der gewöhnlichen Robinie. (Robinia pseudoacacia) Die Robinie hat mehrere Trivialnamen, zum Beispiel: Falsche Akazie. Es handelt sich um eine Frühsommerpflanze mit wohlriechenden Blüten, die sich als Bienenweide etabliert hat. Insbesondere nach den langen Wintermonaten ist es wichtig, dass die Natur den Honigbienen, gleich ein Nahrungsangebot zur Verfügung stellt. Der Zuckeranteil des Nektars, erreicht Werte bis 59%. Durchschnittlich lassen sich je Baum bis zu 1,44 Kilo erzielen. (Siehe Lipp S. 38). Der Honig wird unter der

Bezeichnung „Akazienhonig" verkauft.

Alle Kern- Steinobstgehölze gehören ebenfalls zu den Trachtpflanzen. Vergil erwähnt einige. Auch die Ruthenische Kugeldistel (Echinops ritro). Diese Pflanze kann Vergil mit Sicherheit in seiner Heimat gesehen haben.

Den echten Thymian (Thymus) erwähnt Vergil ausdrücklich. Der echte Lavendel (Lavandula augustifolia), ist wegen seines hohen Zuckergehalts, eine wichtige Tracht-pflanze. Auch der echte Salbei (Salvia), ist neben anderen Eigenschaften, eine gute Bienenweide und erbringt etwa einen Ertrag, wir der Raps. Hinzu kommt noch der gelbe Steinklee (Millilotus officinalis), auch Honigklee genannt. Er ist eine ergiebige Nektar- und Pollenpflanze und die Blüten duften, wegen ihres Gehaltes an Kumarin (aromatischer Pflanzenstoff) und Melilotol intensiv nach Honlg.

In diesem Zusammenhang ist auch Borretsch (Borago officinalis) auch Gurkenkraut zu erwähnen. Borretsch zählt bei den Imkern., als Bienenweide. Sein Nektar hat einen Zuckergehalt bis 53%. Auf einen Hektar können Honigerträge bis 211 Kilo erzielen. Allerdings kann der Honig heut zutage mit Pflanzengiften belastet sein. Deshalb sollen andere, unbelastete Roh-Honige beigemischt werden.

Ysop (Hyssopus officinalis) auch Bienenkraut genannt mit aromatischen Blättern, kann hier erwähnt werden. Die Saat-Esparsette (Onobrychis viciifolia), zieht Bienen und andere Bestäuber an. Nektar ist reichlich vorhanden und auch für kurzrüsslige Bienen geeignet.

Man weiß heute das die Bienen in der Lage sind links oder rechts, von der Nektarquelle, Löcher an langblütigen Blumen zu bohren, um an en Nektar zu gelangen.

Weiden und Haselnusssträucher dürfen, in dieser Aufzählung nicht fehlen. Die Weide, erwähnt Vergil, als er den Corycischen Greis den Rat gab für die Honigbienen, gute Nahrungsgrundlagen zu schaffen.

Die gesamten, oben genannten Trachtpflanzen, kannte Vergil in ihrer Vielseitigkeit, gewiss nicht. Es war aber wichtig, zur Stabilisierung, der Bienenstände insgesamt, ob nun Wild- oder Honigbiene, die Trachtpflanzen als wichtigen Hinweis und als Rat für die Leserinnen und Leser zu erwähnen, denn Vergil war sehr daran gelegen, eine Heimstatt zu schaffen, wo sie sich wohl fühlen.

Heute ist jedoch eine wichtige Einschränkung, zu erwähnen, die es zurzeit von Vergil noch nicht gab. Heute werden leider, hochgezüchtete Blumen mit gefüllten Blüten angeboten, die kaum Nektar und Pollen abgeben. Das ist ein Grund, warum die Bienenpopulationen, immer mehr zurückgehen.

Deshalb war es sehr wichtig, etwas ausführlicher auf die BienenTrachtpflanzen einzugehen. Im Internet gibt es zur Vertiefung weitere, ausgezeichnete Literatur, die man sich anschauen kann. Insgesamt gibt es nur wenige Pflanzen, die einen Nektar- und Pollenwert von 5 für sehr gut aufweisen.

Es gibt also eine ganze Menge Pflanzen, die für Die Honig- und Wildbienen, sowie den Insekten als Nahrungsquelle zur Verfügung stehen. Wir können unseren Garten, spezielle Samenmischungen einsetzen, um die Insekten zu unterstützen.

Die von Vergil erwähnten Trachtpflanzen, erfüllen oft mehrere biologische Eigenschaften und dienen auch als Schmetterlingsfutterpflanzen, und sind zum Teil auch Überwinterungspflanzen. Zum Beispiel Brennnesseln Disteln, Thymian und Hornklee.

Es war wichtig, nicht nur für die Bienen, sondern auch für die anderen Insekten etwas zu tun. Denn in ihrer Gesamtheit sind auch Käfer, Schwebfliegen, Schmetterlinge und andere Krabbeltiere, mit für die Bestäubung verantwortlich. Gerade auch heute, in einer Welt der Insektizide, würden Vergils Ratschläge, sehr nützlich sein. Nachhaltig, wie man heute sagt.

Viele Dinge die Vergil beobachtete, hat er nicht alle unbedingt, in seinem Lehrgedicht „Georgica" festgehalten. Er hat sich jedoch gewiss darüber Gedanken gemacht. Ich gehe deshalb zur Abrundung und dem Verständnis, kurz auch auf die anderen Zusammenhänge ein. Weil den Menschen die Wichtigkeit der Bienen, insbesondere bei der Bestäubung bewusst geworden ist, hat man 2019 in Bayern ein Volksbegehren „Rettet die Bienen" gestartet und die Artenvielfalt zu fördern und das Insektensterben einzudämmen.

## Bestäubung

Über die Bestäubung selbst, hat sich Vergil nicht ausgelassen. Ihm ging es hauptsächlich darum, Ratschläge zu erteilen, damit „Er" möglichst eine gute Honigernte erzielt hat und sein Bienenvolk keinen Schaden nimmt. Er hat nicht unterschieden, ob die Bestäubung, durch Tag- ober Nachtbestäuber erfolgt. Er unterschied auch nicht zwischen Psychophilie, also die Anpassung an Tagbestäubern (Tagfalter) und der Sphingophilie, der Bestäubung durch Nachtfalter.

Man kann davon ausgehen, dass es zurzeit von Vergil noch keinen Mangel an Bestäuber-Insekten gab. Heute haben die Insektenpopulationen, jedoch stark abgenommen, sodass in verschiedenen Gegenden, nicht mehr genügend Insekten zur Bestäubung zur Verfügung stehen, und dadurch hohe Ernte-verluste zu beklagen sind, und die Versorgung der Bevölkerung, mit Grundnahrungsmittel, nicht mehr im vollen Umfang gewährleistet werden kann.

Die Hauptgründe, für den dramatischen Artenrückgang sehen die Wissenschaftler im Klimawandel, der Lichtverschmutzung, wodurch die Tag- Nacht-Rhythmen der Tiere beeinträchtigt werden, der IntensivLandwirtschaft und dem Einsatz der Pestizide. Alles Gründe die es zurzeit von Vergil noch nicht gab.

Da zu befürchten ist, dass dieser Negativtrend weiter anhält und bald keine biologischen Bestäuber mehr vorhanden sind, erhielt im Jahr 2018 die amerikanische Patentbehörde den Auftrag, ein Patent, eine Technik zu entwickeln, die es erlaubt, dass Pflanzen künstlich bestäubt werden können. Man entwickelte eine Mini-Drohne, die sich selbstständig über landwirtschaftliche Nutzflächen erheben kann.

Mithilfe winziger Bürsten, die den Bienen-Bürstchen nachgeahmt wurden (Bionik), sollen und Pollen einsammeln werden, die dann mittelst eines Ventilators, über andere Pflanzen wieder ausgebracht werden sollen. Ein Sensor überwacht, dass die gleiche Pflanze nicht zweimal angeflogen wird.

Vergil hätte sich in seiner Welt wohl nicht träumen lassen oder ausmalen können, dass so etwas einmal notwendig sein würde. Man weiß heute bereits, dass die Mini-Drohne niemals, das erbringen kann, was eine Honig-Biene zu leisten vermag. Auch hier stößt der Mensch wieder an seine Grenzen.

Wann und wie und durch wen, die biologische Bestäubung auch immer erfolgt, es winkt als Belohnung immer Nektar, denn nur im Verbund aller Bestäuber, wird sich eine gute Honigernte einstellen. Darauf wollte Vergil immer wieder hinweisen.

Neben der wichtigen Insektenbestäubung durch die Bienen gibt es in der Natur weitere Bestäubungsmethoden, beispielsweise die Windbestäubung. Durch die Windblütigkeit (Anemophilie) werden 20 % unserer Pflanzen, werden durch den Wind bestäubt. Daneben gibt es noch andere Arten der Fremd- und Selbstbestäubung.

Kehren wir nun Vergil zurück. Er hat gewiss geahnt, dass nicht die Bienen allein für die Bestäubung verantwortlich sind. Die heutigen Erkenntnisse konnte er nicht wissen. Nun wieder zum Text

Ganz zu Anfang des vierten Buches besingt Vergil die **Himmelsgabe**, wobei dem Wort vielfache Bedeutung zukommt.

Im Altertum war man der Meinung, der Honig komme aus der Luft und bestehe aus Tau. Deshalb sprach man von Himmelsgabe. Ich komme unten bei Manna noch mal darauf zurück. Vergil berichtet nun von einem Maecenas:" Gönne Maecenas auf diesem Gebiet freundlich dein Augenmerk."

Die Person, die Vergil hier erwähnt, möchte ich jetzt vorstellen.

**Maecenas**

Gemeint ist Gaius Maecenas. Er war ein Vertrauter und politischer Berater von Kaiser Augustus und Förderer der Künste. Nachhaltigen Ruhm erlangte Maecenas durch die Förderung junger Dichter, die ihre Dankbarkeit auch in Gedichten bezeugten. Zu ihnen gehörte u.a. Publius Vergilius Maro, genannt Vergil, dem er zu einer Entschädigung für sein zugunsten der Veteranenversorgung enteignetes väterliches Erbe verhalf. Maecenas soll also dem Honig der „Himmelsspeise", sein Augenmerk schenken. Vergil drückt mit dieser Widmung seine Dankbarkeit gegenüber Maecenas aus.

Jetzt ist von Apollo die Rede. „Apollo soll sein Flehen erhören."

**Apollo, Apollon**

In der griechischen und römischen Mythologie der Gott des Lichts, der Heilung, des Frühlings, der sittlichen Reinheit und der Mäßigung, sowie der Weissagung und der Künste, insbesondere der Musik, der Dichtkunst und des Gesangs; außerdem war er Gott der Heilkunst und Gott der Bogenschützen.

Man ist erstaunt, welche konkrete Ratschläge, allein durch die intensive Beobachtung, Vergil den Imkern vor mehr als zweitausend Jahre schon machte.

Nach dieser kurzen Einleitung führt Vergil weiter aus und gibt den ersten konkreten Ratschlag zur Bienenzucht und Bienenhaltung:" Der Wohnsitz und der Standort der Bienen, muss geschützt sein gegen Kälte, Hitze, Regen, und Wind. Die Bienen entwickeln sich so am besten und finden an einem windstillen, sonnigen, trocknen und ruhigen Platze, die besten Lebensbedingungen."

Zunächst muss auf eine gute Heimstatt, der Honigbienen Wert gelegt werden. Das ist doch heute beim Menschen ebenso, zunächst brauchen sie Wohnungen, in denen sich die Menschen genau wie die Bienen, wohlfühlen können, alles andere wird sich dann zeigen.

„Auch sollen keine Schafe, noch stoßende Böcke die Blüten zertreten oder eine Jung-Kuh, auf dem Feld herumschweifen, die die sprossenden Kräuter zertritt." (Text 10).

Um den Bienen und Wildinsekte genügend Tracht anzubieten, müssen heute zur Förderung der lokalen Biodiversität sog. Blühstreifen angelegt werden.

Das sind die ersten praktischen Ratschläge, die Vergil den Imkern erteilt, er soll also dafür sorgen, dass das Vieh nicht gleich die sprossenden Kräuter wieder zertrampelt. Und auch den Tau, der ja Honig sein könnte, achtlos abstreift.

Der Standort des Bienenstockes soll so gewählt werden, dass die Bienen gute Startbedingungen, nicht nur für den Flug, sondern auch für ihre Lebensentwicklung vorfinden und in Ruhe Nektar sammeln können. (Text 11) Vergil ist daran gelegen, dass die Bienen wie wir heute sagen würden keinen Stress bekommen.

Es soll ein Quell, ein Teich oder ein Bach und schattenspendende Bäume vorhanden sein, welche die neuen Weisel, zum Verweilen einlädt, sodass sich das ganze Volk auf Dauer niederlassen würde. Er soll, also für die Honigbienen dauerhafte Lebensbedingungen schaffen.

Wenn das gewährleistet ist, gibt Vergil zu den Lebensbedingungen und zur Pflege der Bienen, weitere wichtige Ratschläge. Auch wie die Bienenkörbe zu flechten sind und was bei den Fluglöchern zu beachten ist und wie Ritzen der Bienenwohnung mit Wachs ordnungsgemäß verschlossen werden und weitere genaue Ratschläge zum Wohle der Honigbienen, wie wir unten sehen werden.

Auch die Feinde der Bienen sollen vom Bau ferngehalten werden, so beispielsweise die gefleckte Eidechse. (Text 13).

Natürlich sind weitere Kriterien zu beachten, die Vergil aber nicht erwähnt, beispielsweise soll der Bienenstock nicht auf dem Boden stehen. Wenden wir uns jetzt zunächst den Feinden der Honigbienen zu, so wie sie Vergil beschrieben hat.

Er spricht von:

**„Gefleckte Eidechsen** mit schuppigen Rücken sollen dem honigreichen Bau, fernbleiben".

Gemeint ist vielleicht die Gila- Krustenechse (Heloderma suspectum). Diese Echsenart kommt aber nur in Nordamerika vor. Eine solche Esche dürfte Vergil kaum gesehen haben. Es wird sich hier eher um eine Tyrrhenische oder Peleponnes- Mauereidechse handeln haben. Vielleicht handelt es sich einfach um die Zauneidechse, denn die Färbungen und

Zeichnungsmuster, variieren bei dieser Art. Zum Beutespektrum, der Zauneidechse gehören allerdings keine Bienen. Was hat Vergil also gemeint. Vielleicht wollte gefleckte Eidechse, nur ein wenig an den leckeren Waben knabbern oder war auf Erkundungsgang und stellte keine Gefahr für die Honigbienen dar.

Bei Johann Heinrich Voß ist von der „buntschillernden Eidechs „die Rede.

Das könnte auch wieder auf die Mauereidechse hindeuten, wie man unten auf dem Foto erkennen kann. Aber auch diese Eidechsen-Art, verschmäht eigentlich die Bienen und hat wohl eher eine Fliege, auf dem Speiseplan. Von den gefleckten Eidechsen geht wohl nur, wenn überhaupt eine geringe Gefahr für die Honigbienen aus. Vielleicht haben sie nur an den Waben geknabbert oder in der Nähe des Bienenstockes Fliegen gejagt.

Vielleicht so ein Pärchen der Unterart, der italienische Mauereidechse Podarcis muralis nigriventris, die ein Sonnenbad nehmen.

(Quelle Wikipedia, gemeinfrei).

Oder der Bücherskorpion der gestreift ist. Auch der australische Dornteufel sieht ähnlich aus, kommt aber nur in Australien vor. Schließen wir das hier also ab.
„Ferner sollen **Bienenspechte** und andere Vögel, samt der Rauchschwalbe Prokne, dem Bau unbedingt fernbleiben. (Textstelle 14) Im Originaltext heißt es an dieser Stelle:"meropesque". Meropesque und wird übersetzt als Fresser, Esser gedeutet.
Das mutet eher auf Bienenfresser als auf Spechte hin.
Es kann sich hier beim sogenannten Bienenspecht, nur um die **Bienenfresser,** Merops apiaster handelt.

Fälschlich hier als Bienenspechte bezeichnet,

da die Bienenfresser nicht zu den Spechten gehören, ist die Bezeichnung, nicht korrekt. Es handelt sich auch nicht um den Grünspecht, der auch Erdspecht genannt wird und, dessen Nahrung keine Bienen sind. Er ist auch Ameisen spezialisiert.

Merops ist eine Vogelgattung aus der Familie der Bienenfresser. Auch Immenwolf genannt. In manchen älteren Lexika auch: "Bienenfraß" oder auch „Bienenwolf". Aus der Gattung der Klettervögel. (Scnasores)

Schöne Tiere, die sich infolge der Erderwärmung, nun auch bei uns wohlfühlen. Zu dieser Gattung gehören auch die

Blauwangenspinte, der eigentlich nur Nordafrika und in Süd- und Vorderasien vorkommen. Ferner gehört dazu der Scharlachspint, Schmuckspint andere Spinte dazu, die aber alle zur Familie der Bienenfresser gehören.

Bienenresser (Bildquelle dobe stock 265628074).

In den Anerkungen zum Text ist ferner vom „Bienenwolf" die Rede. Was könnte Vergil hier gemeint haben.

### Bienenwolf

Der Bienenwolf (Philantus triagulum) selbst, gehört jedoch zur Familie der Grabwespen (Hautflügler, Hymenoptera)), in Deutschland, die artenreichste Wespenfamilie mit auffällig großem Kopf. Die Weibchen verfügen über Grabborsten.
Diese Wespenart, ist auf die westliche Honigbiene als Nahrung spezialisiert. Als Nahrung für ihre Larven dient in Mitteleuropa fast ausschließlich die Honigbiene.

Er ist ein Bienenjäger und wird von den Imkern, mit chemischen Mitteln bekämpft. Ab etwa Mitte Juni kann man die gelb-schwarzen Insekten beobachten. Er selbst er hat aber auch wieder einen Feind, die „Goldwespe „Hydychrum ritilans" die den Wolf als Parasit befällt. Der Bienenwolf zeichnet sich durch eine hochspezialisierte Anpassung in der Fortpflanzung aus. Aber es lauern noch weitere Feinde auf die Honigbiene. Ich komme untern noch mal auf ihn zu sprechen.

### Gemeiner Bienenwolf

Der gemeine Bienenkäfer (Trichodes apiarius) auch Immenwolf genannt, ist ein weiterer gefährlichen Feind der Bienen. Er gehört zur Familie der Buntkäfer an und kann hier aber auch nicht gemeint sein.
Er überfällt die Honigbienen auf Blüten, lähmt sie mit seinem Stachel und transportiert sie in sein Nest. Auf diese Feinde gehe ich

noch ausführlich ein. Vergil, wollte eigentlich nur klar machen, dass Vögel und Käfer allgemein den Bau fernbleiben sollen.

Das war als reine Vorsichtsmaßnahme gedacht, ohne dass Vergil, an dieser Stelle konkret wird.

Dies sollte nur zur Textklärung dienen. Unten werde ich auf die Feinde der Honigbiene noch ausführlich eingehen.

**Johann Heinrich Voß**

Die Lateinübersetzung von Johann Heinrich Voß, ist älter, als die von Otto Schönberger ist. Voß verwendet darin zum Teil andere Ausdrücke und andere Personen als Schönberger, darauf werde ich an anpassender Stelle eingehen und sowohl Voß wie auch Schönberger zitieren.

In den Anmerkungen zu den Bienenspechten, in er Übersetzung von Johann Heinrich Voß, heißt es u.a. „, dass die Bienenspechte, sie mit Stacheln verzehren. Die Imker stellen ihnen intensiv nach und zerstören ihre Nester. Ein weiterer gefährlicher Feind der Honigbienen, wäre nach Voß auch der rotröckige Würger -lanius colluria.

Hier ist in der Tat der Neuntöter gemeint auf dessen Speiseplan, Käfer, Hummeln, Bienen und Wespen stehen. Er spießt die Insekten, mit seinem spitzen Schnabel regelrecht auf. Er hat auch ein rotes Federkleid. Auch das Rotschwänzchen (ruticilla tithys), gemeint ist hier der Hausrotschwanz, auch als: Hausröthling, welcher auch Stadt-, Stein- und Sommerrothschwanz, Rothsterz, Rothzagel, Rottele, Wistling, Hüting, Schwarzbrüstchen heißt, sieht der Imker nicht gerne in der Nähe des Bienenstocks. Allerdings fressen die Rotschwänze keine Bienen. Die Nahrung des Hausrotschwanzes besteht aus wirbellosen

Kleintieren, eine Gefahr für Bienen besteht nicht.

Auch die Schwalben fressen keine stechenden Kerbtiere.

Nun bringt Vergil die Rauchschwalbe Procne und andere Vögel ins Spiel, die dem Bau fernbleiben sollen. (Textstelle 15).

Bevor wir zu „Procne" kommen, kann man wohl sagen, dass durch Vögel heute, keine wesentliche Gefahr für Honigbienen zu befürchten ist.

**Er flucht, er schreit.**

Procne, war die Tochter von König Pandion und wird nach der Übersetzung von Otto Schönberger der griechischen Mythologie, in eine Rauchschwalbe verwandelt.

Nach Wikipedia allerdings in eine Nachtigall. Nach der griechischen Mythologie werden Philomele, die Schwester von Procne in eine Schwalbe, Procne dagegen in eine Nachtigall verwandelt.

Das würde mit dem Text und der

Übersetzung nicht übereinstimmen. Andere Autoren stellen die Verwandlung, umgekehrt da. Diese dichterische Variante ist hier nicht weiter von Belang.

Schauen wir uns die beiden hier zitierten Vögel, die Nachtigall und die Rauchschwalbe etwas näher an, ob sie für die Honigbienen eine konkrete Gefahr darstellen.

### Rauchschwalbe

Die Rauchschwalbe (Hirundo rustoica) wird auch Hausschwalbe oder Gabelschwalbe genannt. In der Tat hat sie eine kastanienbraune Kehle. „Die das Zeichen ihrer blutigen Hände auf der Brust trägt", übersetzt Schönberger. Dieser Satz bezieht sich auf die griechische Mythologie und hat damit zu tun, dass Procne und ihre Schwester Philomela, Itys töteten. Symbolisch hat also, durch die Tötung bedingt, die Rauchschwalbe eine rötliche Brust.

„Auch Schwalben sollen somit dem Bau nicht zu nahekommen." Ihre Nahrung besteht aus Fluginsekten. Unter Fluginsekten fallen alle Tiere, die mit Flügeln ausgestattet sind. Dazu gehören gelegentlich auch mal Bienen. Das kann aber keine konkrete Gefahr für die Honigbienen darstellen. Ihren Namen haben die Rauchschwalben, weil sie gerne an Schornsteinen und Rauchfängen brüteten.

Zu meiner Kindheit und vielleicht auch zurzeit von Vergil, gab es sehr viel mehr Schwalben aller Art als heute. Heute hingegen sind die Rauchschwalben in der Roten Liste der Brutvögel Deutschlands von 2015 in der Kategorie 3 als gefährdet eingestuft.

Von ihnen geht keine Gefahr für die Honigbienen aus. Wenn das Insektensterben, nicht schnell und wirksam eingedämmt wird, wird es bald keine Vögel mehr geben, die auf Insekten als Nahrung angewiesen sind. Es sind wunderschöne Tiere, die unseren Schutz verdienen.

Der Hinweis auf: "Die das Zeichen ihrer blutigen Hände an der Brust trägt.", ist eine richtige Beobachtung, denn die Rauchschwalben tragen eine kastanienbraune Kehle. Vergil wollte aber damit etwas anderes ausdrücken, was hier nicht weiter untersucht werden soll, denn er führt weiter aus: "Sie bringen selbst fliegende Bienen im Schnabel ihrer grau- samen Brut als köstliche Speise ins Nest."

Kann das so stimmen. (Textstelle 16).

Da müsste man mal die Rauchschwalben fragen, ob Honigbienen, die sie in der Luft schnappen, wirklich eine köstliche Kost darstellen.

**Nachtigall**

Sollte es doch vielleicht die „holde" Nachtigall (Luscinia megarhynchos) sein, die im Hain wunderschön singt, so wäre zu erwähnen, dass dieser Sper-lingsvogel, mit dem wunderbaren Gesang, zwar Insekten, aber kaum Honigbienen frisst.

„Alle diese Tiere müssen dem honigreichen Bau unbedingt fernbleiben."

Wir können aber festhalten, dass von diesen Vögeln keine Gefahr für die Honigbienen ausgeht. Es müssen andere Gründe gewesen sein, warum Vergil davon spricht.

Weiter spricht Vergil von **Oleaster** und **Palmen,** die den Vorplatz beschatten und Kühle spenden sollen. Diese belaubten, kühle spendenden Herbergen, sollen nicht nur den Menschen, sondern auch die Honigbienen zum Verweilen einladen. Auch das ist wichtig, meint Vergil, denn es geht hier, wie sich herausstellt darum, nur die Bienenkönigin, zu animieren sich dort dauerhaft niederzulassen. Hier werden heute, wie oben ausgeführt, künstlich erzeugte Anlock-Pheromone, um die Königin in einen leeren Bienenstock anzulocken.

Oleaster sind wilde Oliven, wilder Olivenbaum. Das Laub kränzte die Sieger in Olympia. Es gibt sehr viele Abarten. Bei uns wurde der Sanddorn „Oleaster Germanica" oder wilder Olivenbaum genannt. Es könnte sich auch, weil es im Text nur Oleaster heißt, um den „Cornus Oleaster" handeln, ebenfalls eine Ölpflanze. In Italien sind allein 80 verschiedene Ölbaumarten heimisch. Die Geschichte des kultivierten Olivenbaumes, reicht bis zur Bronzezeit zurück.

Das ist aber nicht weiter von Belang, da der Oleaster nur zur Beschattung dienen sollte. Es geht aber nicht nur um die Beschattung allein, sondern auch um die Bestäubung. Manche Olivenblüten, werden durch den Wind bestäubt, andere sind jedoch auf die Fremdbestäubung angewiesen. Honigbienen sind also in mehrfacher Hinsicht für den Menschen wichtig, sie liefern Honig, bestäuben die Pflanzen und liefern fernen verschiedenen Nebenprodukte.

Und es gibt noch eine weitere Parallele, „Aristaios", ist der Gott des Ölbaums, auf den wir noch ausführlich zu sprechen kommen, weil Aristaeus auch der Gott der Imkerei ist. Und insgesamt gesehen, sind die Ölbaumweiden auch gute Bienenweiden.

Vergil führt weiter aus: "Wenn die neuen Weisel in ihrem Frühling die ersten Schwärme ausführen und die Jugend aus den Waben befreit, ihr Spiel treibt, das nahe Ufer sie lockt, der Hitze zu entweichen und der Baum am Wege sie in einer belaubten Herberge zum Verweilen lädt. (Textstelle 22-24)

Vergil macht nun konkrete Vorschläge, wie man die neue Königin, im Frühling, mit ihrem Schwarm anzulocken könnte, um

ein neues Volk zu gewinnen. „Dazu soll grüner Seidelbast, weithin riechender **Quendel,** schwer duftender **Saturei** in Fülle blühen und Veilchenbeete sollen Quellwasser trinken", (28-30) dann könnte es vielleicht gelingen." Es soll ein Milieu geschaffen werden, was Bienen animiert, dortzubleiben. "Er" soll für Lockangebote sorgen.

Bild unten- In der Mitte, die Stockmutter mit einem roten Punkt markiert. (Bildquelle Adobe Stock 283046266).

Die Stockmutter wird von den Arbeiterinnen ein Leben lang gehegt und gepflegt. Es wird alles für sie getan. Sie verlässt im Grunde nie den Stock und muss deshalb auch geputzt und ihre Exkremente müssen entsorgt werden. Im Bienenstock herrscht Dunkelheit, trotzdem ist alles sauber und hygienisch. Erstaunlich.

Der Wabenbau der
Bienen selbst ist ein
architektonisches
Wunderbau der Natur
mit sechseckigen Zellen
mit verschieden
Anordnungen. Die Wabe
ist der Geburts- und
Lebensraum, des
Bienenvolkes. Hier
wachsen die Bienen
heran, während ihrer
Entwicklungsphasen.
Darüber hinaus sind die
Waben Speicherplatz für
Honig und Pollen. Die
Konstruktion, des
Wabenbaus, ist genial.

Die Idee, sechseckigen
Zellen zu produzieren,
hat sich der Mensch zu
eigen gemacht, denn
das ist die ideale Form
eine Fläche optimal
auszunutzen.

 Das Vorgehen der
Bienen beim
Waben Bau, ist
weiterhin rätselhaft.

Wir kommen darauf
noch zu sprechen. Von
den verschiedenen
Wabenarten hat Vergil
nichts berichtet, so dass
wie es hier belangen.

„Halte den Weisel,
niemals als Geißel.“

**"Weisel" ist die
Bienenkönigin auch
Stockmutter oder
Bienenmutter genannt.**

„Die Bienenkönigin zeugt
nicht mehr Kinder, als sie
ernähren kann, genau wie
unsre Bauern.“ (Karl
Friedrich Wilhelm Wander.
Deutsches Sprichwörter
Lexikon. Band 5 Leipzig
1880.)

Die Bienenkönigin, ist das
einzige geschlechtsreife
weibliche Tier im Volk der
Honigbienen. Sie legt Eier
und steuert das Leben im
Stock mithilfe von
Pheromonen. Pheromone
sind Botenstoffe zur
Informationsübertragung,
zwischen Individuen einer
Art. Sie hat auch einen
Stachel, den sie nur zum
Töten ihre Rivalinnen
einsetzt.

 Spezielle
Signalpheromone sind in

der Tierwelt sehr verbreitet. Sie dienen zur Anlockung eines Sexualpartners oder zur Revierabgrenzung. Aber nicht nur bei den Tieren, sondern auch beim Menschen, sind Pheromone Parfüms beliebt, um einen Partner anzulocken. Davon wusste Vergil noch nichts.

Die Stockmutter ist ein besonderes Tier und ist selbst in der Lage, darüber zu entscheiden, ob aus der Brut eine Arbeiterin oder eine Drohne entstehen soll. Sie entscheidet, ob ein befruchtetes Ei, woraus eine Arbeiterin entsteht oder ob unbefruchtetes Ei, in die Wabe gelegt wird, aus der eine Drohne entsteht. Die Königin kann somit, eigenverantwortlich die Geschlechtsbestimmung vornehmen und folgt dabei einen bestimmten genetischen Plan, der genau die beabsichtigte Ordnung im Stock herstellt.

Die Geschlechtsbestimmung, durch die Stockmutter ist im Gegensatz mit der obligatorischen mit der fakultativen Parthenogenese (Jungfernzeugung) verknüpft.

Das bedeutet, dass die Bienenkönigin, wahlweise und eigenverantwortlich, ihre im Ovar produzierten Eier besamt und nicht besamt ablegen kann. Die Königin entscheidet somit über die Geschlechtsbestimmung ihrer Nachkommen.

Die Jungfernzeugung dagegen ist eine Form, eingeschlechtlicher Fortpflanzung, bei der die Nachkommen aus unbefruchteten Eiern entstehen. Bestimmte Hormone bedingen, dass mache Tiere sich eingeschlechtlich fortpflanzen können.

Es wird eine Befruchtungssituation, simuliert worauf die Eizelle sich zu teilen beginnt. Die Königin ist in der Lage, sich für eine Variante zu entscheiden.

Vergil hat diese Fortpflanzungs- Methoden nicht beobachtet. Die

Fortpflanzungseigenschaft
en, waren weder beim
Menschen noch bei den
Tieren, erforscht. Vergil
ging von einer anderen
Fortpflanzungsmethoden
der Bugonie, bei den
Bienen aus.

Gibt es so etwas
Großartiges auch beim
Menschen. Nein, der
Mensch kann so etwas
nicht.

Ob ein Mädchen oder ein
Junge geboren wird, ist
ein reines Zufallsprodukt
und hängt damit
zusammen, welche
Geschlechtschromosome
n, sich bei der
Verschmelzung, der
weiblichen Eizelle und der
männlichen Samenzelle,
zu einem neuen Leben
vereinigen.

Da jede gesunde Frau
zwei XX-
Geschlechtschromosomen
hat, kann sie bei der
Verschmelzung immer nur
ein X als
Geschlechtschromosom
abgeben.
Ein gesunder Mann
besitzt dagegen ein X und
ein Y-
Geschlechtschromosom.

Entweder gibt der Mann
sein X ab, dann entsteht
ein Mensch mit zwei XX,
was ein Mädchen
bedeutet, oder der Mann
gibt sein X ab, dann
entsteht ein XY- Mensch
also ein Junge. Der Mann
bestimmt also das
Geschlecht.  Davon hatte
Heinrich VIII. (England)
noch keine Ahnung. Er
gab zwei seiner Frauen
die Schuld, dass sie ihm
keinen Sohn schenkten,
und ließ sie hinrichten.
Dabei lag es an ihm.

Man stelle sich nur
einmal vor, die
Frauen würden über eine
ähnliche Samenblase, wie
die Stockmutter
verfügen, in der der
Samen von mehreren
Männern (Drohne),
aufgenommen werden
und dieser männliche
Samen, vier Jahre nach
Belieben verwendet
werden könnte und die
Frauen,
eigenverantwortlich das
Geschlecht bestimmen
könnten, das wäre
sensationell und würde
unsere Gesellschaft
nachhaltig verändern.

In speziellen Weiselzellen, die größer als die anderen Waben sind, wachsen die Königinnen neue Generation heran. Sobald die erste geschlüpft ist, geht es in Bienenstock, grausam zu, denn die Erstgeschlüpfte, tötet die anderen Königinnen, die sie als Konkurrentinnen betrachtet. Danach begibt sie sich auf den Hochzeitsflug.

Durch die Drohnen begattet, kehrt die junge Königin in den Stock zurück, worauf in der Regel die alte Königin, mit einem Teil des Volkes den Stock verlässt.

**Afterweisel**

Wenn allerdings ein Bienenvolk Weisel los ist, keine Königin vorhanden ist, kann aus der jungen Arbeiterinnenbrut eine Ersatzkönigin hergezogen werden, in der Fachsprache "nachschaffen". Aufgrund der nicht vorhandenen, oben beschriebenen Königinnensubstanz (Pheromon) entwickeln sich nach einigen Tagen, Eier in den Eierstöcken der Arbeiterinnen.

Da diese als Afterweisel bezeichneten Bienen, über keine Samenblase verfügen und auch keinen Samenvorrat besitzen, weisen ihre Eier nur einen einfachen Chromosomen-Satz auf. Aus dieser Jungfernzeugung entstehen nur Drohnen (Drohnenbrütigkeit). Völker mit Afterweisel haben keinen Bestand, da kleine Erneuerung mehr stattfindet.

Ich würde mich noch gerne etwas länger bei diesem interessanten Thema aufhalten, nur Vergil sah die Entstehung neuer Bienen ganz anders, wie wir noch sehen werden. Auf die Botenstoffe, hier die Insekten-Pheromone gehe ich unten noch kurz ein.

„Wo der Weisel ist, da sind auch die Bienen", heißt es im Volksmund. Es hat also einen praktischen Sinn, die Weisel und damit das Bienenvolk anzulocken, denn ihr Volk folgt ihr, wo sich sie sich dauerhaft niederlässt. Damit dies geschieht, soll der Imker sie mit verschiedenen Pflanzen anlocken, die die Honigbienen lieben und nicht widerstehen können, von leckerem Nektar zu naschen. „Ringsherum soll grüner Seidelbast, weithin riechender Quendel und schwer duftende Saturei in Fülle blühen, und Veilchenbeete sollen bewässerndes Quellwasser trinken" (Vers 28-32). Schauen wir uns die Pflanzen die Vergil benennt mal etwas näher an.

Saturei ist ein Begriff aus der Botanik. Hier hat Vergil wohl Blumen gemeint, die den ganzen Sommer blühen. Insbesondere wird er hier die Garten-Saturei und die Bohnenkräuter gemeint haben.

Die Gattung „Satureja" wurde von Carl von Linne aufgestellt. Die Gattung gedeiht überwiegend im Mittelmeerraum.

Das Sommerbohnenkraut verfügt über verborgenen Nektar. Bestäuber insbesondere Bienen suchen diese Nektarquelle.

Jedes Wort, im Text von Vergil macht Sinn und lässt sich überprüfen, hier spricht er von schwer-duftende Saturei.

Die Bohnenkräuter führen insgesamt Nektar. Sie sind Bienen-Futterplätzen, das hatte Vergil beobachtet. Unter den botanischen Begriff „Satureja" fallen 38 Arten, wobei natürlich nicht alle Arten in der Heimat von Vergil vorkamen.

Die Blätter der Bohnenkräuter, sind feingehackt sehr aromatisch, schwer duftend.

Damit dürfte verständlich sein, was Vergil an dieser Stelle meinte.

Vergil erwähnt im Text bewusst weitere Pflanzen und spricht davon, dass die Veilchenbeete (Viola) Quellwasser trinken sollen. Das Duftveilchen hat als „Frühblüher" einen Nektarwert von 2 und einen Pollenwert von 1.

Beim Lesen des Textes gewinnt man immer mehr den Eindruck, dass Vergil durch seine gezielten Beobachtungen, ganz bewusst Pflanzen erwähnt, die nicht nur die Menschen, sondern auch für die Menschen von Bedeutung sind. So werden beispielsweise die Bohnenkräuter, auch Gewürz- und Heilpflanze verwendet. So erwähnt Vergil auch das Veilchen, das auch als Violatum", als Veilchenwein verwendet werden kann.

Ob Hildegard von Bingen, Vergil gelesen hat, kann ich nicht sagen. In der Hildegard -Apotheke ist von einem Veilchentrank die Rede und sie sagt:" Wenn jemand traurig ist, dann soll er vom Veilchenwein trinken. Das hat eine frohmachende Wirkung und stärkt die Lunge".

Auch im Kochbuch von Apicius ist von Veilchenwein die Rede.

**Grüner Seidelbast**

Von den insgesamt auf der Welt bekannten 92 Seidelbastarten, kommen nur wenige im Mittelmeerraum vor. Es kann sich hier um den echten Seidelbast (Daphne mezereum) oder auch um den Herbst-Seidelbast (Daphne gnidium) handeln haben. Vielleicht ist auch der Pontische Seidelbast (Daphne pontica) gemeint. Allerdings bedeutet „pontisch" zum Schwarzen Meer gehörig. (Landschaft „Pontus").

Vergil, wird diesen Seidelbast wohl nicht gemeint haben. Der Pontische Seidelbast ist noch in einer anderen Hinsicht von Interesse, weil die Honigbienen, hier giftigen Honig „Tollhonig" sammeln, der zu schweren Rauschzuständen und zum Kreislaufkollaps führen können.

Vielleicht meinte Vergil auch den Rosmarin-Seidelbast (Daphne cneorum), der auch im Mittelmeerraum vorkommt. Ebenso kommt die Pflanzenart „Daphne gnidoides) aus der Gattung Seidelbast im Mittelmeerraum vor. Der Lorbeer-Seidelbast

(Daphne laureola) ist ein immergrüner Strauch. Vielleicht hat Vergil aber auch diese Pflanze gemeint, als er von „grünen" Seidelbast sprach.  Der ölbaumähnliche Seidelbast (Daphne oleoides) könnte ebenfalls infrage kommen. Vielleicht auch noch der Berg-Seidelbast (Daphne sericea). Welche Pflanze, Vergil schließlich speziell meinte, ist hier nicht weiter von Belang, denn es soll nur dafür gesorgt, werden dass sich die Honigbienen durch ein bestimmtes Pflanzen Angebot ansiedeln und dort auf Dauer bleiben wollen. Man bereitet ihnen dauerhafte Lebensbedingungen.

Im Text steht „casiae", das kann sowohl Lavendel, Zimt oder Seidelbast sein. Der Lavendel ist als Bienenweide sehr gut geeignet. Der Nektar hat einen Zuckergehalt von 21- 48 %. Vergil hat hier einen guten Rat gegeben.

Der gemeine Seidelbast kommt in ganz Europa vor, der echte Seidelbast bevorzugt eigentlich gemäßigte Klimazonen. Er verfügt über starkduftende Blüten, die reichlich Nektar tragen und von den Bienen gerne angeflogen werden. Es geht Vergil hier nicht um die Giftigkeit des Seidelbasts, sondern nur darum, möglichst viele bienenfreundliche Sträucher zu pflanzen. Seidelbast hat einen Nektar- und Pollenwert von zwei. Der Duft allen zieht die Bienen schon an. Die leuchtend roten Beeren sind indes giftig.

Noch ein kurzes Wort zum Gattungsnamen „Daphne". Daphne (Lorbeer), ist in der griechischen Mythologie eine Nymphe, die von ihrem Vater Peneios, in einen Lorbeerbaum verwandelt wurde, als Apoll von seiner unerwiderten Liebe zu ihr nicht lassen konnte.

Die deutschen Bezeichnungen für Seidelbast, haben mehrere ursprüngliche Bedeutungen. Eine Deutung weist daraufhin, dass aus der Rinde „seidige Schnüre" hergestellt wurden.

Die altgermanische Bezeichnung *ziolinta*, weist auf die Gottheit „Ziu" hin. Der Wortteil „Seidel" von „zidal" = Biene ist ebenfalls denkbar, da der Seidelbast im Vorfrühling, nach dem Winter, eine starke Anziehungskraft auf Bestäuber Insekten ausübt. Die Rinde und Früchte, werden arzneilich genutzt. Der Seidelbast wurde sprachlich auch Zeidelbast oder Zeiland genannt.

Johann Heinrich Voß erwähnt an dieser Stelle, seiner Vergil-Übersetzung „Zeiland". Zeilant, Zeilang ist die althochdeutsche Bezeichnung für Seidelbast. In der Übersetzung steht aber eindeutig Zeiland. Ist hier jetzt tatsächlich „Zeiland" gemeint, denn Zeiland bedeutet allerdings etwas ganz anderes. Dabei handelt es sich botanisch, um einen Zwergölbaum, einen immergrünen Strauch mit gelben Blüten. Auch „Dreibeeriger Zeiland", genannt. Vielleicht ist hier tatsächlich der Zwergölbaum gemeint, der in Vergils Heimat vorkommt.

Der Zwergölbaum *Cneorum tricoccon* kommt im Mittelmeerraum vor. Die Bestäubung erfolgt durch verschiedene Hymenopteren (Hautflügler), im Speziellen durch die Honigbienen. Der echte Seidelbast, hat allerdings nur einen Nektar- und Pollenwert von je zwei.

Der echte Seidelbast, von dem bei Schönberger die Rede ist, hat u.a. den Trivialnamen „Zeiland", im Sinne von Bienenblume, so ihn Österreich, Bayern, Schwaben, Schlesien. Insoweit meinten wohl beide Übersetzer, das Gleiche. Wichtig war Vergil nur, dass im Frühjahr, genügend Nektar -und Pollenpflanzen zur Verfügung stehen, um den Honigbienen den

Start in die neue Honigsaison zu erleichtern. Dann erwähnt Vergil „Quendel". Was kann das sein.

**Quendel.**

Vergil hat hier die Thymiane gemeint.
Wilder (Quendel) und echter Thymian (Thymus vulgaris). Echter Thymian, auch römischer Quendel genannt. Der echte Thymian ist eine vorzügliche Bienenweide. Auf einen Hektar Quendel lassen sich in der Saison 125-185 kg Honig ernten. Der breitblättrige Quendel-Thymian dessen starkduftenden Blüten die Bienen magisch anziehen, ist in ganz Europa verbreitet. Quendelkraut, sowie der SandThymian (Thymus serpullum) und der Zitronen-Thymian (Thymus citriodorus), können ebenfalls unter dem Allgemeinbegriff gemeint sein. Die Pflanzen kommen im Mittelraum vor. Der Sand-Thymian kann einen beachtlichen Hektarertrag von 149 Kilogramm erbringen.

Ob sich das Thymianblättiges Sandkraut (Arenaria serpyllifolia) oder auch quendelblättriges Sandkraut genannt, als Neophyt, damals schon in Vergils Heimat breit gemacht hat, ist anzunehmen. Die Blüten sind nur bei Sonnenschein geöffnet und sondern Nektar ab. Das Sandkraut bestäubt sich aber auch selbst. Die Blütezeit geht von Mai bis September. Thymiane, werden allgemein als Quendel bezeichnet. Thymiane fanden schon in der Antike, als Gewürz- und Heilpflanzen Anwendung. Über 200 Arten sind weltweit bekannt. Quendel/Thymian hat einen Nektarwert 3 von drei und einen Pollenwert von 1.

Vergil hat hier den Quendel allgemein gemeint, den die Honigbienen lieben. Der Quendel der wilde Bruder des

Thymians, sind althergebrachte Heilkräuter. In Sizilien, im Altertum, wurde der Quendel zusammen mit Rosen der Göttin geopfert, um die Liebe zu fördern.

## Honigseim

Voß spricht bei Vers 35-36 wo es heißt," lässt doch der Winter den Honig durch Kälte verhärten und Hitze wieder lässt ihn schmelzen und fließen, von „Honigseim". Es handelt sich um ungeläuteter Honig, so wie er unverfälscht aus den Waben abfließt, wird auch als Honigseim bezeichnet.
Man spricht von „Ausseinem". Seim-Honig auch Jungfernhonig genannt, fließt von selbstständig aus den Waben und wird in der Bibel an mehreren Stellen zum Beispiel bei Samuel 1.14, 27 und in Psalm 19,11 heißt es: „Sie sind kostbarer als Gold, als Feingold in Menge, sie sind süßer als Honig, als der Honig aus Waben Honigseim (Lob der Schöpfung). Und im Buch der Sprichwörter lesen wir bei 16,24: "Freundliche Worte sind wie Wabenhonig, süß für den Gaumen, heilsam für den Leib.", auch dieses Zitat, teigt den hohen Stellenwert, den Honig früher eingenommen hat.

## Nektar

**Nektar** war der griechische Name des balsamischen, süßen Trankes der Götter Ambrosia oder Götterspeise. Der Nektar war Sterblichen vorenthalten, er war nur den Göttern bestimmt. Dies zeigt seine hohe gesellschaftliche Bedeutung. Auch süßer Wein wurde oft als Nektar bezeichnet. Nektar ist eine wässrige Flüssigkeit aus verschiedenen Zuckersorten, Mineral- und Duftstoffen. Der Nektar enthält im Wesentlichen, folgende Bestandteile und Inhaltsstoffe: Glukose, Saccharose und Fructose.

Der Nektar wird von der Pflanze, als Drüsensekret, über die Honigdrüsen ausgeschieden. Der Nektar dient nicht nur den Bienen als wichtige Nahrungsquelle, sondern auch anderen Tieren.

Die Umwandlung in Honig, wird durch körpereigene Enzyme der Honigbiene verursacht, auf die Vergil noch nicht eingehen konnte. Er wusste damals noch nicht, dass die Grundbausteine Fruktose und Glykose aufgespalten und der Wasseranteil des Nektars reduziert wird. Er freute und labte sich am Endprodukt, ohne die Umwandlungs-prozesse vom Nektar zum Honig zu kennen.

> Er weist aber darauf hin, dass" beide Gewalten- im Winter die Kälte und im Sommer die Hitze, die Bienen auf gleiche Weise fürchten müssen, und sie deshalb Vorsorge treffen müssen und in ihren Bau alle Ritzen sorgfältig, mit Bienenharz, Wachs und Blütenstaub verkleben und reparieren und die Fluglöcher verengen.

Nun gibt Vergil Anweisungen, wie die Bienenkörbe aus Weidenruten richtig geflochten werden müssen. Dabei ist zu beachten, dass die Fluglöcher eng sind, damit keine Feinde oder Schmarotzer eindringen können.

Kälte und Hitze, beide dieser Gewalten müssen die Honigbienen gleichermaßen fürchten (Textstelle 36). Sie müssen sowohl, etwas gegen die Kälte, als auch gegen mögliche eindringende Feinde tun.

Nun schildern beide Autoren, wie die Bienen ihre Wohnungen reparieren, sie verkleben beispielsweise ihren Bau und schließen die feinen Ritzen mit Wachs, verengen die Fluglöcher mit Bienenharz und Blütenstaub.

Das gesammelte Harz bewahren sie als Reserve-Ersatz-Material auf, das zäher ist als Vogelleim und Pech. Voß spricht in diesem Zusammenhang von „Mistelleim".

Um welches Harz könnte
es sich handeln.

Pflanzen werden nach
Nektar - und Pollenwerte
eingeteilt. Das wusste
Vergil allerdings nicht,
deshalb gehe ich nicht
darauf ein. Allerdings
sprach er von Vogelleim.

**Vogelleim**

Vogelleim (viscum) ist eine
sehr zähe und klebrige
Masse, die beim Vogelfang
zur Herstellung von
Leimruten eingesetzt wird.
Die Bezeichnung geht auf
die Römerzeit zurück, denn
der
Leim, wurde aus dem Saft
von reifen
Misteln gewonnen aber
auch aus der Rinde der
Stechpalme. Um den
Leim noch klebriger zu
machen, wurde
Pflaumen- oder
Birnensaft und Honig
dazugegeben.

Die Vogelsteller
bestreichen die Ruten
und Zweige mit dieser
klebrigen Masse. Vögel,
die eine Ruhepause
einlegen wollten und sich
auf einen Ast
niederlassen wollten,
blieben am Leim hängen.

Das ist eine grausame
Prozedur.

Trotz eines EU-weiter
Verbots gemäß EU-
Vogelschutzrichtlinie
werden dem in
Südfrankreich, Norditalien,
auf Zypern und in
Katalonien weiterhin
Vogelfallen, dieser Art
aufgestellt, an denen die
Zugvögel, qualvoll
verenden.

Das Harz, was die Bienen hier
zur Reparatur einsetzten, ist
also kein Vogelleim, „denn
das Harz ist ja zäher als
Vogelleim," schreibt Vergil
bei Vers
41.

Es handelt sich hier um
Propolis, eine von den
Bienen selbst herstellte,
harzartige, klebrige Masse.
Ein Gemisch aus
verschiedenen Stoffen, auch
Bienenleim, Bienenharz und
Kitt Harz genannt. Dieses
Dichtharz ist ein
Wundermittel und zeigt
erneut, welche Fähigkeiten
die Bienen besitzen, denn es
wirkt antibiotisch, antiviral,
antimykotisch.

Haben wir Menschen ein
ähnliches Medikament

bisher erfunden, was zugleich drei wichtige Eigenschaften erfüllt und zugleich Bakterien und Pilze abtötet oder in ihrem Wachstum hemmt, Viren tötet und Pilzerkrankungen verhindert, um es einfach auszudrücken.

Einfach genial. Vergil wollte hiermit erneut die besonderen Fähigkeiten, der Honigbienen unterstreichen, die ein Harz sammeln können, das zäher ist als Vogelleim und Pech vom Phrygischen Ida. (Ida: Gebirge im nordwestlichen Kleinasien (Phrygien). Diese Eigenschaft der Honigbienen, übersteigt sogar, die der menschlichen.

Ich werde unten bei Bienenprodukten, noch ausführlich auf Propolis eingehen.

Vergil führt weiter aus:" Oft auch gruben sie sich, wenn die Kunde zutrifft, versteckt im Erdreich ihr warmes Haus und man fand schon tief in Tuffsteinen und im Hohlraum eines zerfressenen Baumes.

Vergil weist damit, auf die ursprünglichen Lebensweisen der Honigbienen und der Zeidlerei hin. Er spricht von der Sesshaftigkeit und die Gewöhnung der Honigbienen an das menschliche Umfeld, was noch nicht abgeschlossen ist. Er will auch ausdrücken, dass die Honigbienen, beim Menschen heimisch sein sollen.

Wenn nun alles ordnungsgemäß repariert ist und sich das Bienenvolk wohlfühlt, gibt Vergil weitere Ratschläge, was unbedingt vermieden werden sollte, was die Bienen stören könnte. Aber nicht nur die Honigbienen selbst, sondern auch er, soll die Ritzen und Löcher ihrer Schlafstätten, ringsum schützend mit schlüpfrigem Lehm bestreichen und schütteres Laub darüber werfen.

Er schreibt: „Dulde keinen Taxus zu nah am

Bienenstock." (Textstelle 46)
Gemeint ist hier die Europäische Eibe.
Aber warum? Was können Eiben den Honig- Bienen anhaben.

**Taxus: Eiben.**

Vergil meinte damit die Europäische Eibe (Taxus baccata).

Eiben enthalten sehr giftige Inhaltsstoffe, wie Taxin B.

Taxane, sind Stoffe, Zytostatika, die das Zellwachstum und Zellteilung hemmen. Wird die Zellteilung gehemmt, kann es zu Tumorwachstum kommen.  Manche Eiben-Arten enthalten sogar Paclitaxel (Taxol), was als Arzneimittel zur Bekämpfung verschiedener Krebsarten eingesetzt wird. Dabei ist aber zu beachten, dass der rote Samenmantel selbst keine Giftstoffe enthält. Tödliche Vergiftungen sind von Menschen, Rindern, Pferden bekannt und im Schrifttum dokumentiert. Vorsicht ist auf jeden Fall geboten.

Vergil war deshalb wohl der Meinung, weil Vergiftungen von Tieren bekannt waren, die Eiben-Früchte (Arillus) verzehrt hatten, dass das Gift der Taxus auch für die Bienen schädlich sein könnte, wenn gar Pferde daran sterben.
Die Giftigkeit der Taxus war schon lange bekannt.

Jagdgöttin Artemis tötet mit Eiben- Gift - Pfeilen die Töchter der Niobe. Auch die Kelten verendeten Eiben-Gift schon für ihre Pfeile, und das Gift diente auch dazu Selbstmord zu begehen. Hierüber gibt es ausreichend Schrifttum. Neben der Verwendung als Gift- und Heilpflanze wurde die Eibe auch als Nahrungspflanze eingesetzt und diente ferner als Holzproduzent.

Ein Arillus, der rote Samenmantel, (siehe unten) der Eibe schmeckt süß und lässt sich zu Marmelade einkochen. Nur der Samenkern ist giftig! Es besteht wohl eher eine akute Gefahr, für den Menschen, insbesondere für Kinder, wenn sie den Samenkern essen oder verschlucken. Bisher gibt es keinen wissenschaftlichen Nachweis, dass Eiben den Schaden, Bienen.

Die Eibe kann sowohl Bienen wie auch Vögel ernähren. Das liegt an der sogenannten Zweihäusigkeit (Diözie). Hier täuschte sich Vergil oder hat etwas anderes gemeint.

**Diözie**

Diözie oder "Zweihäusigkeit" ist eine Form der Getrenntgeschlechtlichkeit bei Samenpflanzen. Weibliche und männliche Blüten kommen auf getrennten Individuen vor.

Bei den Vögeln können wir in Samenverbreiter und Samenfresser unterscheiden. Die erste Gruppe sorgt für eine natürliche Verbreitung der Eiben, da diese Vögel die Eiben-Früchte aber nicht die Samen fressen. Die Samenfresser, zu

denen der Kernbeißer gehört, sind am Samenkern interessiert.

Er schadet ihnen nicht. Man kann Vergils Hinweis, auf Taxus nur so deuten, dass er glaubte, die Bienen würden durch die Giftigkeit, wohl auch in Mitleidenschaft gezogen, wenn sie Pollen oder Nektar suchen würden.

Er spricht nun eine weitere Warnung aus, dass man in der Nähe des Bienenstockes „nicht rötende Krebse sieden soll." Was könnten das für Krebse gewesen sein?

**Verrottende** Krebse.

Es handelt sich hier um Flusskrebse. Man war damals der Meinung, dass geröstete oder verbrannte Flusskrebse, bei verschiedenen Krankheiten helfen würden. (Gesiedete

Krebse: cancros urere).
Der Geruch der
gekochten Krebse soll
betäubend und
beruhigend auf Bienen
wirken. Wir werden
später noch sehen, was
der Rauch auslöst, den
die Imker bei der
Honigernte einsetzen.

Heute gehen für die
Bienen keine Gefahren
mehr durch Gerüche aus,
es sein, denn es handele
sich um Rauchgeruch.
Heute sind die
Insektiziden allgemein
und die Bestäuber-
Insekten im Besonderen,
neuen Gefahren
ausgesetzt, wie
beispielsweise den
gefährlichen
Neonicotinoide. Durch
die Aufnahme dieser
neuzeitlichen Nervengifte
werden sie betäubt Die
Gifte binden die
Nervenzellen und
unterdrücken die
Nervenreize. Die Tiere
verlieren die
Orientierung, so als wäre
sie betrunken vom süßen
Sommernektar. Diese
Gefahren durch
hochentwickelte
Insektizide, gehen vom

Menschen aus und ist
keine natürlichen
Gefahren.

Insgesamt wird weltweit
vier Millionen Tonnen
chemischer
Pflanzenschutzmittel
eingesetzt. Diese Gifte
kannte Vergil noch nicht,
deshalb nur kurz.
Denn man muss bei dieser
Problematik, auch immer
die Rückseite der Medaille
betrachten. Dann stellt
man schnell fest, dass es
nicht nur die
vielgescholtene
Landwirtschaft allein ist,
die Gifte einsetzt und in
die Natur entlässt, sondern
auch im erheblichen Maße
die Hobbygärtner.

Nach einer vor Kurzen
veröffentlichten Studie,
setzten die Hobbygärtner
im Jahr im Schnitt 6,7
Kilogramm
Umweltgifte für die
Schädlings -und
Unkrautbekämpfung ein.
Das sind 1,5 Kilogramm
mehr als bei einem
konventionellen Bauern.
Schädlinge gibt es in der
Natur eigentlich nicht, der
Mensch empfindet
verschiedene Organismen
als „Schädlinge " und zwar

die, die seinen Erfolg schmälern und Pflanzen und das Nahrungsangebot zerstören oder dezimieren. Also Lebewesen, die den Menschen nach seiner Auffassung schädigen. Ebenso verhält es mit dem „Unkraut". Unkraut ist eigentlich Wildkraut, denn dieses Unkraut kann für Tiere, einen Nutzen bringen zum Beispiel Löwenzahn.

„Auch Morast und Mist, der stinkt," (48) sei schädlich führt Vergil weiter aus. Voß spricht vom faulen Morast, der ausdampft. Der Bienenstock soll auch nicht in die Nähe von Felsen stehen: "Wo hohle Felsen tönen, wenn ein Laut sie trifft und das Echo hallend zurückprall" (Textstelle 50), heißt es dort. Geräusche, Töne, Schall spielen in irgendeiner Weise, bei den Bienen eine Rolle. Ich werde unten bei moderner Bienenwissenschaft darauf noch kurz eingehen. Was können sie hören?

Alles dies ist für Bienen schädlich. Die Frage ist aber „können Bienen überhaupt hören", oder hören die Pflanzen die Bienen. Schallgeräusche, sollen also vermieden werden. Stören Geräusche die Honigbienen, dann müssten sie auch hören können. Auf jeden Fall meint Vergil, man solle Echogeräusche vermeiden, weil vielleicht die Schwirrgeräusche, nicht mehr von den Artgenossen aufgenommen werden können.  Die Bedeutung der Schwirrgeräusche, ist heute bekannt. Der Bienensound, aggressiver, stechfreudiger Bienen wird heute, zur Beschallung von Weidezäunen eingesetzt, um Fressfeinde abzuhalten dabei spielen die Sinneshaare, wie unten noch erläutert wird, eine wichtige Rolle.

Bienen verfügen über bestimmte Sinnesorgane, das ist in der Zwischenzeit klar. Zum Beispiel über ein

Zeitgedächtnis und über ausgeklügelte Kommunikations- und Informationssysteme. Ich gehe hier im Einzelnen nicht detailliert darauf ein, sondern nur so weit, wie es erforderlich ist, um verständlich zu machen, was Vergil meinte.

Vergil hat mit Sicherheit nicht nur die Honigbienen selbst, sondern auch Wildbienen, Wespen und Hummeln beobachtet. Dies kann man aus dem Text nicht direkt entnehmen. Gewiss hat er verschiedene Verhaltensmuster bei den Insekten beobachtet, konnte aber solche Muster noch nicht einordnen. Er wird beobachtet haben, dass die Wespen gern Honig stehlen und die Honigbienen, zur Abwehr eine raffinierte Methode entwickelt haben, um die Wespen abzuschrecken. Die Hornissen umringen sie dicht, bis diese ersticken. Dabei blockieren sie die Atemöffnungen der Hornissen, dies wurde bei zyprischen Bienen beobachtet. Dass die Honigbienen Laute von sich geben und das Volk Hummeln, zielgerichtet Blüten anfliegen, die Nektar haben. Er konnte sich diese Beobachtung damals nicht erklären.

Heute weiß man, dass das an der elektrischen Spannung liegt. Viele Blüten sind leicht negativ geladen. Manche Hummeln sind wegen der Reibung während des Fluges, positiv geladen. Besucht die Hummel eine Blüte, tauschen Tier und Pflanze ihre Ladungen aus. Die Struktur des elektrischen Feldes verändert sich. Dies können andere Hummeln wahrnehmen, sie fliegen weiter, als unnötig eine leere Blüte anzufliegen.

Vergil beobachtete eine gewisse Blütentreue, konnten aber nicht verstehen, woran das lag, dass die Tiere bevorzugt, bestimmte Blüten aufsuchten, heute hat die Wissenschaft es herausgefunden. Offensichtlich erkennen und spüren die Bienen, wenn es sich besonders lohnt.

Können Bienen auch hören.

### Spezifische Eigenschaften

### Hör - und Vibrationssinn der Bienen.

Heute geht man davon aus, dass Bienen Schall verspüren können. Sie nehmen geringste Erschütterungen, in ihren Beingelenken wahr. Es gibt bisher keinen Nachweis, dass Bienen hören können, so wie die Menschen. Heute weiß man, dass Ihre Schirrgeräusche bestimmte Blumen zur Produktion von süßem Nektar anregen. Darüber hinaus sind diese Vibrationsgeräusche wichtige Kommunikationsmittel untereinander. Ob die Bienen ihre eigene Schirrgeräusche auch hören, ist indes unklar. Das Vibrieren der Fühler kann als eine Art Hören gedeutet werden. Vergil hat zumindest vermutet, dass die Honigbienen, Laute und Schallgeräusche wahrnehmen können. Das ist eine erstaunliche Feststellung.

### Tanzsprache

Ein wichtiges Kommunikationsmittel, unter den Honigbienen, ist die Tanzsprache, die sich in zwei Tänzen, dem Rund- und den Schwänzeltanz ausdrückt, je nachdem, wie weit die Futterquelle entfernt ist. Je länger der Tanz dauert, der von den Sammlerinnen gebeutet wird, je weiter ist die Futterstelle vom Stock entfernt. Vergil beobachtete dies auch, zog aber falsche Schlüsse.

Mit diesen Tänzen können die Bienen untereinander, Erkenntnisse und Informationen zu Futterplätzen (Trachtquellen) weitergeben.

Der Rundtanz findet meistens statt, wenn die Futterquelle, etwa 100 Meter entfernt ist. Bei weiter entfernten Futterquellen verwenden die Bienen den Schwänzeltanz. Durch den Rundtanz erfahren die Arbeiterinnen nur, dass die Futterquelle in der Nähe liegt.

Beim Schwänzeltanz (siehe unten Blütentreue) surrt die Vortänzerin mit den Flügeln stoßweise, mittanzende Bienen nehmen dann, die Tanzlaute mit den Antennen war. Die Informationen dieser Tanzsprache verstehen die Artgenossen so, als wenn sie lesen oder hören könnten.

Vielleicht hat Vergil gemeint, dass die Tanzsprache, durch die Echogeräusche, dem Widerhall der Felsen gestört werden könnte. Die Bienen könnten vielleicht orientierungslos gewesen sein.

Auf die anderen Sinnesorgane, Tastsinn, Sinneswahrnehmungen der Bienen, etwa Lichtsinn, beeindruckenden Verhaltensvielfalt und erstaunlichem oder Geruchssinn, Lernvermögen, Farbenblindheit und weiteren, erstaunlichen Erkenntnissen der modernen Bienenforschung, gehe ich nicht weiter ein, weil Vergil dazu nichts gesagt hat und auch nicht konnte.

Dennoch wusste Vergil bereits sehr viel. Er beobachte gewisse Verhaltensmuster der Honigbienen. Er sah welche Pflanzen die Tiere immer wieder bevorzugten, weil die Tiere erkannten, wo sie am schnellsten und am einfachsten den besten Nektar saugen konnten. Er sah ihr Verhalten am Stock und das fremde nicht zum Stock gehörige Bienen vertrieben wurden. Er wusste aber nicht, wie stockfremde Bienen erkannt werden konnten. Er sah ihr soziales Verhalten und die Fürsorge für kranke Stockbewohner und für die Brut und die Umsorge für die Königin. Er meinte auch die Trauer zu spüren, wenn die Arbeiterinnen, einen toten Bienenkörper, aus dem Stock transportierten. Er sprach ihnen ein gewisses Gefühl zu.

Alles dies stellte er fest, ohne dies wissenschaftlich benennen zu können. Heute, weiß die moderne Wissenschaft, was er sah und gemeint hat. Auf jeden Fall verfügen die Bienen, über erstaunliche Fähigkeiten, selbstregulierend mit Intelligenz und Ordnung und einem ausgeklügelten sozialen System.

**Intelligenz der Bienen, ihrem Kommunikations-Vermögen und ihrer Verhaltensmuster.**

Die Bienenforscher haben herausgefunden, dass die Insekten und insbesondere die Bienen über erstaunliche Fähigkeiten und verschiedene Gedächtnisformen verfügen. Ihre Intelligenz manifestiert sich, über die Reichhaltigkeit ihrer Sinneswahrnehmungen und ihrer beeindruckenden Verhaltensvielfalt mit erstaunlichen Lernvermögen. Heute ist man so weit, dass man sagen kann, dass die Bienen über ein gewisses Zählvermögen verfügen. Und vielen weiteren erstaunlichen Eigenschaften.

Dies konnte Vergil zu seiner Zeit noch nicht feststellen. Auch heute ist noch nicht alles erforscht und Vergil konnte davon noch nichts ahnen. Schauen wir uns kurz die Eigenschaften einmal an.

Sie bilden hochsoziale Gemeinschaftsformen, Sozialverbände und Staaten und teilen die Arbeit, wie wir unten sehen werden, nach Arbeitsfähigkeit unter sich auf und sind bemüht, das gesamte Volk gegen alle Gefahren zu erhalten. Sie führen ein friedliches Leben miteinander und helfen sich gegenseitig. Es ist sehr erstaunlich, was dass das Kleine oder erstaunlich große Gehirn, bezogen auf ihre

Größe der Honigbiene,
zu leisten vermag. Dies
ist um zu erstaunlicher,
weil die Honigbiene,
über eine relativ geringe
Gen- Ausstattung
verfügt.

Offensichtlich wollte die
Evolution, die Gehirne
dieser Tiere, mit einem
besonderen Organ
ausstatten, was für die
Menschen, ein Beispiel
geben könnte.
Zum Beispiel besitzen die
Honigbienen gegenüber
anderen Insekten
reduzierte Entgiftungs-
Enzyme, was sie anfällig
gegen Umweltgifte
macht.

Diese Erkenntnis war
Vergil damals noch nicht
bekannt, sodass wir
darauf nicht weiter
eingehen müssen. Wir
können auch davon
ausgehen, dass es damals
auch noch keine
Umweltgifte gab und die
Bienen allgemein es
leichter hatten als heute.
Es bestand keine Gefahr,
dass der Nektar, mit
Umweltgiften
kontaminiert war.

Heute finden die Bienen
ein anderes Umfeld, als
zurzeit von Vergil vor, zu
mindestens, was den
Einsatz in Insektiziden
anbelangt.
Die vorzüglichen
Eigenschaften der
Honigbienen, als unser
dritt nützliches Nutztier
werden, im weiteren
Verlauf noch deutlich
werden.

Charles Darwin spricht,
von wundersamen,
speziellen Instinkten,
über die die Bienen
verfügen. (Charles
Darwin: Über die
Entstehung der Arten
durch natürlich
Zuchtwahl oder die
Erhaltung der günstigen
Rassen im Kampfe um`s
Dasein. Stuttgart 1899. S.
280319).

Er beobachtete, wie
Hummeln, Löcher in den
Kelch von Bohnenblüten
bohrten, um an den
Nektar zu gelangen. Der
Nektarkelch sitzt hier
besonders tief.

Am nächsten Tag saugten
Bienen aus diesen Löchern
Nektar. Die Bienen mussten
demnach das Himmeln
beobachtet haben. Was ja

dann auch eine Gedächtnisleistung voraussetzt.

Eine besondere Eigenschaft der Bienen möchte ich an dieser Stelle noch erwähnen. Wenn eine Biene ins Wasser fällt, geht sie nicht unter, denn sie schlägt heftig mit ihren Flügeln und erzeugt eine Bugwelle, die sie an Land bringt, wie ein Wasserkissen. Diese Flügelbewegungen, will man im Rahmen der Bionik in der Hubschraubertechnik verwenden.

Vergil schreibt weiter:

„Wenn aber die goldene Sonne den Winter verjagt. Durchwandern die Bienen Flur und Hain und ernten von purpurnen Blüten. Damit laben sie voll seltsamer Wonne ihre Brut im Nest, bilden auch kunstvoll frisches Wachs und formen klebrigen Honig", führt Vergil bei Textstelle 53-55 weiter aus und deutet auf den ersten Ausflug der Honigbienen im neuen Jahr nach dem Winter hin. Hier muss der Bienenbesitzer besondere Vorkehrungen treffen, damit sein Volk nicht verloren geht. Ihrem natürlichen Trieb folgend, schwärmen die Honigbienen im Frühjahr aus und niemand kann sagen, ob sie zurückkehren. So schildert es auch Voß.

„Und wenn du eine dunkle Wolke siehst und ein Schwarm den Stock verlässt, dann beachte, dass sie stets gutes Süßwasser und Laubdächer suchen. Sprenge dann Gewürze, zerriebene Melisse und gemeines Cerinthengras aus, läute die Glocke und schlage die Cymbel der Großen Mutter. Dann lassen sie sich von selbst auf den mit Kräutern bestreuten Platz nieder." (Text 61-65).

Dunkle Wolken, bringen heute bedingt durch den Klimawandel und der Erwärmung., der Oberflächengewässer der Ozeane, gewaltige Regenmengen mit sich.

Regentropfen können, wie Geschosse auf die Bienen wirken. Bienen mögen keinen Regen und können sich kaum erbeben, wenn sie nass sind.
Wenn sie vom Regen überrascht werden, verstecken sie unter Blättern oder Dächern von Schuppen und harren so lange aus, bis der Regen vorüber ist. Das Klima hat sich heute nachteilig für die Bienen verändert.

Bei Voß soll er Wohlgerüche sprengen, gequetschte Meliss und Cerinthe streuen, also so tun, als würde einen Bienenweide auf die Tiere warten.

Dies soll er vor beim ersten Ausflug tun, damit das Bienenvolk gerne zurückkehrt und auch dauerhaft bleibt. Dies sagt Vergil vorsorglich, da die Bienen noch geschwächt sind und in Flur und Hain vielleicht nicht genug Futter finden, soll er Süßwasser, Melisse und Cerinthengras, zur Verfügung stellen.

Hier Vergil bereits gewisse Geruchseigenschaften der Bienen erkannt, die gerne Süßes riechen.

## Blütentreue, Blütenstetigkeit

Die Bevorzugung bestimmter Blütenarten durch die Bienen hatte schon Vergil beobachtet. Dieses Verhalten der Bienen wurde bereits von Aristoteles beschrieben und später von Charles Darwin und durch die oben erwähnten Forscher wissenschaftlich untersucht.

Diese Blütentreue bewirkt, dass die Pflanze aller Wahrscheinlichkeit betäubt wird.
Vergil beobachtete, dass die Bienen bestimmte Blüten bevorzugten, kannte aber die Gründe nicht.
In wissenschaftlichen Versuchen wurde ein Stetigkeitsindex ermittelt. Das hilft gute Bienennährpflanzen zu finden.

## Melisse

Etwa vier Melissen-Arten sind im Mittelmeerraum bekannt, zum Beispiel die

„Zitronenmelisse"
(Melissa officinalis). Die
Blüten bieten Nektar und
werden hauptsächlich
durch die Apis millifera
besucht.

Der Name "Melisse" ist
vom griechischen Wort
für Honigbiene (Melitta)
abgeleitet. Man pflanzte
in der Tat vor den
Bienenstöcken, Melissen
an, weil die Bienen,
wahrscheinlich von Duft
magisch angezogen
werden.

Es scheint wohl ein gutes
Mittel zu sein, Bienen
anzulocken. Die
Zitronenmelisse hat einen
Nektar- und Pollenwert
von 2. Und natürlich ist
die Melisse, auch ein
anerkanntes Heilkraut.
Bienen lieben ihren Duft.
Die Texte von Vergil
ergeben, immer einen
besonderen Sinn.

Heute versuchen Imker
mit Schwarmfallen und
Köderstöcken
Bienenvölker anzulocken.
Am besten wäre es, wenn
die Bienen überhaupt
nicht schwärmen würden.
Hierüber hat Vergil nichts
berichtet, sondern er gibt

weitere Ratschläge, wie
es in der damaligen
Situation gelingen
könnte, dass ein Schwarm
sesshaft wird.

Er spricht von purpurnen
Blüten (Textstelle 54),
denn das ist heute
bekannt, reagieren die
Honigbienen auf
bestimmte Farben mehr
als auf andere.

Das Farbensehen, das
Erfassen von Farben,
durch die Bienen weicht
grundlegeng von den der
Menschen ab, da sie
einen UV-empfindlichen
Rezeptor besitzen.

Sie sind rot- blind und
sehen grundlegend
anders als die Menschen.
Das konnte Vergil noch
nicht ahnen

Und von Wachs und
klebrigen Honig ist die
Rede. (Textstelle 57).
Darauf gehe ich unten
noch ein.

Und nicht nur das, er soll
auch die Glocke läuten und
die Cymbel schlagen. Was
will Vergil damit sagen.

Zunächst spielen bei ihm
die Geräusche der Glocke

und der Cymbel wieder eine Rolle. Er war der Meinung, dass neben den ausgelegten, erlesenen Kräutern, die einen intensiven Duft verbreiten, auch die Töne der Glocke und der Cymbel, die Bienen bewegen könnte, sich dort auf Dauer niederzulassen. Lassen wir das mal so stehen und schauen uns die Kräuter an.

Der Hinweis auf Glocke und Cymbel ist nicht abwegig, sondern erstaunlich, dass Vergil das erwähnt, denn heute wissen wir, mit ihren Härchen, die wie Antennen wirken, die sich je nach Wahrnehmung, mehr oder weniger beugen können die Bienen hören.

Das Johntonsche Organ, ein Sinnesorgan im 2. Antennenglied der Bienen, was auf mechanosensorische Reize reagiert, war noch nicht bekannt. Der Vibrationssensor nimmt Druckveränderungen wahr. So entsteht vereinfacht aus gedrückt eine Art Gehör.

Wir können also nicht ahnen, ob die Ton-Frequenzen der Glocke und der Cymbel die Mechanosensoren (Aufnahme von mechanischen Reizen) der Bienen erreichten und bei ihnen einen Reiz auslösten. Wohl eher haben sie wohl einen Druck über ihre Fühler verspürt, der sie nicht erschreckte. Dennoch ist diese Geschichte sehr interessant.

Und noch etwas zum griechischen Wort für Honig von *mel* abgeleitet, wohl deswegen, weil die Melisse die Bienen mit ihren süßen Blüten magisch anzieht. Man pflanzte früher vor den Bienenhäusern Melisse. Die Pflanze versprüht einen angenehmen, zitronenartigen Geruch, den die Bienen lieben und folgen.

Wahrscheinlich hat Vergil speziell die „Melissa officinalis", die Zitronenmelisse gemeint, die im Mittelmeerraum beheimatet ist. Die Blütezeit ist von Juni bis August in dieser Zeit können die „Apis mellifera" und Hummelarten den Nektar kosten.

Natürlich kennt man auch die Melisse als Gewürz- und Arzneipflanze. Auch von daher pflanzte man die Melisse gerne an. Man zog mehrfach Nutzen.

Zeus, wurde von der geflügelten Melitta mit Honig und mit Milch von einer Ziege der Nymphe Amalthea versorgt als seine Mutter Rhea in als Säugling, auf der Insel Kreta vor Kronos versteckte. Das „gemeine Cerinten-gras" erwähnt Vergil ebenfalls.

Was meint er damit: Rispengras, Elefantengras, Scheidengras.

**Cerinthengras**

Vergil spricht an dieser Stelle von: „cerinthae ignobile gramen", das wäre nach der Übersetzung das „gemeines Cerinthen-gras". Gemeines Cerithengras, kommt aber in der Natur nicht vor.

Vielleicht sind der Blätter der Cerithe gemeint.

Cerinthen kommen in purpurfarbigen Sorten vor. Sie ist ein Bienenliebling Der Insektenwert liegt bei vier.

Cerinthe ist der Gattungsname der Wachsblumen (Cerinthe), die als Bienenweiden gelten und bei den Bienen in den Imkern sehr beliebt sind. Cerinthe wäre bei uns die Wachsblume (Hoya) auch Porzellanblume benannt. Der Imker soll also, das Umweltmilieu bienenfreundlich gestalten.

Sechs bis zehn Cerinthen-Arten sind bekannt, davon viele im Mittelmeerraum. Zu der Art gehört auch die kleine Wachsblume Cerinthe - minor.

Vergil schreibt von „cerinhthae, ob er nun die große „Cerinthe major", die kleine „Cerinthe minor", oder die Gesamtheit der Cerinthen gemeint hat, ist hier nicht weiter von Belang. Ihren Namen hat die Wachsblume, weil sie so aussieht, als hätte ein

Künstler aus Wachs geschaffen.

Die Cerinthe gilt als Bienenweideblume und ist im Mittelmeerraum verbreitet. Sie ist nun auch kultiviert als Zierblume zu sehen. Cerinthengras, als Pflanze gibt es allerdings nicht.

Was könnte Vergil nun gemeint haben.

Schauen wir uns die lateinische Übersetzung der einzelnen Worte einmal etwas näher an.

Große Wachsblume (Cerinthe major).

(Bild: Adobe Stock 2499908)

Was könnte „gramen" sein, was bei Textstelle 63 erwähnt wird. „gramen kann man allgemein, mit Gras, Rasen, Wiese übersetzten. Ist ein Kraut, das zwey bis drey Schuh hoch ist. Es ist das Queckengras, was bei den Bauern nicht beliebt ist.

(Quelle: Lemery Vollständiges- Material- Lexicon Leipzig.)

Das kann es also nicht sein. Gramen bedeutet übersetzt: Gras, Kraut, Stengel und ist für die Bienen ohne Bedeutung. „gramen „ignobile", bedeutet: nicht würdig, nicht nobel, einfach, gemein.

Wir können somit zusammenfassen, „einfaches

Cerinthenkraut", oder einfaches „Cerinthengras." Wenn wir Cerinthenkraut verwenden, sind wir schnell noch bei anderen Pflanzen, zum Beispiel bei den Lungen, Lein- oder Olivenkraut. Oder gar die Honigblume, den Honigstrauch (Melianthus major). Die Blüten produzieren hochwertigen, essbaren Nektar. Süßwasser, purpurne Blüten, Gewürze, Melissen, Cerinthengras und der der Klang der Cymbel, sollen bewirken, dass sie sich niederlassen und in den Stock kriechen und sich wohl fühlen.

Weitere Pflanzen, die Vergil im Text nicht ausdrücklich erwähnt, spielen für die Bindung und eines Bienenvolkes an eine bestimmte Umgebung, ebenso eine wichtige Rolle. Den Bienen eine Heimat geben und dauerhaft für gute Lebensbedingungen zu sorgen.

Es geht um die Gesamtheit der Trachtpflanzen. Schauen wir deshalb noch kurz auf die Honiggräser/ Süßgräser (Poaceae), hier auf das „Wolliges Honiggras (Holcus lanatus) mit vielen Trivialnamen, so zum Beispiel „Honigmeddel" und die Perlgräsern (Melica), sowie das Honigkraut (Stevia rebaudiana) an, die zur Familie der Süßgräser gehören.

„Das Honiggras ist eine morgenländische Grasart, welches einen süßen, dem Honige am Geschmack ähnliche Samen tragend. (Quelle: Adelung: Grammatisch-kritisches Wörterbuch des Hochdeutschen Mundart, Band 2 Leipzig 1796, S. 1279.

Mit den Süßgräsern brauchen wir uns nicht weiter beschäftigen, da nur die Gräser und ihre Samen süß sind und sie zum Teil nicht in der Heimat von Vergil vorkamen und für die Bienen keine Bedeutung haben, sodass wir im Text fortfahren können.

Wenn alles so getan ist, dann „schlage die **Cymbel der Großen Mutter.“**

Als große Mutter (Magma Mater) wird in der Fachliteratur, die antike Göttin Kybele, vom Berg Ida (auch: Cybele) verstanden.


**Cymbel, Cymbal**

Die Cymbel ein Musikinstrument (Beckeninstrument) aus Erz. Die Erfindung will man der Cybele zuschreiben, bei deren Dienste sie gebraucht wurden. So sollte also der „Großen Mutter“ mit den Erzklängen gedankt werden.

Vergil führt aus: „Ziehen sie aber in die Schlacht, dass zwei Könige in Hader geraten sind und ein mächtiger Aufruhr entsteht……..“.

(Textstelle 67-85). Ähnliche Beschreibung bei Voß.

Bienen ziehen nicht in die Schlacht, dies hat Vergil falsch gedeutet. Vergil hat den Reinigungsflug mit einer Schlacht verwechselt. Bienen kämpfen nicht im Flug. Kämpfe zwischen den Honigbienen gibt es nicht. Die Gleichgesinnten, verhalten sich zueinander friedlich.

Wenn die Bienen in den ersten warmen Tagen im Frühjahr ausschwärmen, beginnen sie mit dem Reinigungsflug. Sie entleeren dabei ihre gefüllte Kot-Blase und befreien sich endlich von ihren Exkrementen.

Wegen der Ansteckungsgefahr, durch die Übertragung von Krankheitserregern, wird während der Winterzeit nicht gekotet. Sie können sich aber nur dann entleeren, wenn draußen mindestens 10 Grad plus herrschen. Natürlich tollen sie vor Freude, wie kleine Kinder ausgelassen in der Luft herum und wirken sichtlich erfreut durch die Erleichterung.

Dies hat Vergil fast gedeutet und gemeint sie würden sich bekriegen. Nach dem langen Winter, voll inneren Drang, endlich wieder raus in die Natur dürfen und dabei die Kot- Blasen entleeren zu können, kann es in der Tat so aussehen, als würden sich die Tiere gegenseitig bekriegen.

Die Imker können hier bereits erkennen, ob Verluste zu beklagen sind. Und sie werden genau beobachten, dass das Volk nach dem langen Winter auch wieder zum Stock zurückfindet.

Zu bedenken ist auch, dass die Königin weiblich ist und nicht als König in die Schlacht ziehen kann, zumal sie kürzere Flügel als die Arbeitsbienen hat.

Lassen wir es damit bewenden. Vielleicht hat Vergil auch hier wieder etwas ganz anderes gemeint, als er das Schwarmverhalten der Honigbienen beobachtete. Könnten die Bienen betrunken gewesen sein.

Nach dem langen, entbehrlichen Winter waren sie doch hungrig und haben große Mengen Nektar aufgenommen. Eine Studie der Universität von Ohio in Columbus belegt nun, dass Bienen und auch andere Tiere sich berauschen können. Sie finden ähnlich wir die Menschen nicht mehr nach Hause. Sie verlieren die Kontrolle und müssen erst mal ausnüchtern, bevor sie weiterfliegen können.

Eine Promillegrenze, fanden die Forscher zwar nicht, aber die Wächterbienen, lassen betrunkene Artgenossen, nicht in den Bau. Bei einigen Pflanzen entwickeln sich bei hohen Temperaturen Nektar Sommer-Alkohol.

Die Bienen nehmen dann über den Nektar Alkohol auf. Dies ist allerdings nur, im Hochsommer festgestellt worden, wenn die Früchte einen gewissen Pflanzen-Sommer-Alkohol produzieren können. Ob sie sich aus Kummer oder anderen Gründen bewusst betrinken, ist noch nicht bekannt. In Versuchen hat man den Bienen Ethanol verabreicht. Je mehr sie davon tranken, umso betrunkener wurden sie.

Alle diese beobachteten Faktoren zusammen, die Freude den langen Winter hinter sich gelassen zu haben und endlich die Kot-Blase entleeren und wieder ausgiebig Nektar zu naschen, kann bei Vergil ein Bild vermitteln haben, als würden sich die Bienen in der Luft streiten und eine Schlacht schlagen.

Die nächsten Verse, die die Kämpfe unter den Bienen beschreiben, sind so nichtzutreffend, da Bienen im Flug nicht kämpfen. Die Königin verlässt den Stock nur zum Hochzeitsflug.

„Fliegen die Schwärme aber unstet herum und spielen nur am Himmel, verschmähen die Waben und meiden den kalten Stock, dann reiße den **Weiseln** die Flügel aus, sitzen die Könige (Mit der Formulierung „Könige" ging Vergil davon aus, dass der Weisel männlich war, denn nur „Könige" ziehen in die Schlacht) still, wagt, sich keiner sich zu erheben", schreibt Vergil weiter. Vergil ging davon aus, dass die Weisel männlich sei und sich deswegen, niemand erhebt, bevor es der König tut.

Das Schwärmverhalten der Bienen ist heute gut erforscht. Bei der Spaltung eines Bienenvolkes, verlässt eine Teil der Arbeiterinnen mit der alten Königin, Stock und Nest und sucht sich eine passende neue Bleibe. Es ist ein natürlicher und notwendiger Vorgang, dass das Überleben und die Fortpflanzung, der Bienenvölker sicherstellt. Vorher wird die Königin „bedrängt", d.h. gestoßen und gerüttelt, damit sie, wenn das „Ausschwärmen" erfolgt, abgenommen hat, und so überhaupt den Stock verlassen kann. Vielleicht hat Vergil mit dem „Bedrängen" gemeint, man solle der Weisel die Flügel ausreißen. Das hatte den Sinn, dass die Bienenkönigin nicht weit oder gar nicht fliegen konnte. Damit das Bienenvolk nicht verloren ging. Dieses Anstoßen und Bedrängen, wurde aber in der Antike auch als Kriegsgeschehen gedeutet.

Heute ist das Flügelstutzen nach EU-Öko-Verordnung generell verboten. Der Verlust eines Bienenvolkes, war ein wirtschaftlicher Verlust. Deshalb sollte „Er" bestrebt sein, sein Bienenvolk zu erhalten.

Es läuft alles nach einem natürlichen Plan ab. Die Zahl der Bienen im Stock hat rapide zu genommen, der Platz und das Futter wird knapp. Es muss eine Veränderung geschehen.

Es geht hier darum, wieder ein natürliches Gleichgewicht herzustellen. Die Bienen folgen ihrem angeborenen „Bien". Bien ist ein Superorganismus eines Bienenvolkes. Nur alle Tiere, untereinander im Bienenstock, können nur gemeinsam, diesen Organismus entwickeln. Beispielsweise sich gegenseitig wärmen.

Ich könnte das hier weiter aus ausführen, aber Vergil berichtet davon wenig und sie liebe Leser sollen ja auch nicht, als Imker ausgebildet werden.

Bei Vers 109 spricht Johann Heinrich Voß, ferner von „Balsamblumen". Wenn sie unstet herumfliegen, dann pflanze man einladende Balsamblumen, also Blumen, die die HonigBienen bevorzugen. Die Blüten ähneln kleiner Kamelien oder Doppelhybriden.

Bei Schönberger ist an dieser Stelle, nur von blauen Blumen die Rede. Vergil wollte nicht, dass der Greis unnütze Luxusgärten anlegt, sondern pragmatisch, immer seine Honigbienen im Auge hat.

## Balsam-Pflanzen

Balsame sind Gemische dickflüssiger Harze und ätherischer Öle aus Balsambäumen. Ein typischer Balsam ist die Myrte.

Ein Hauptanwendungsbereich war die Einbalsamierung der Toten, Vergil geht es hier aber, um die BalsamPflanzen für die Bienen. Er hat den Begriff Balsam im übertragenen Sinne gemeint.

Es könnte sich hier um den „Gewöhnlichen Leberbalsam", (Argeratum houstonianum) gehandelt haben. Gewöhnlicher Leberbal-sam kam aber in Vergils Heimat nicht vor. Voß könnte hier den Leberbalsam- Schafgarbe, aus der Gattung der Schafgarben (Achillea) gemeint haben. Achillea ageratum wird auch als Achillenkraut bezeichnet, welches in der Toskana heimisch ist und einen aromatischen Geschmack und Geruch hat und bringt die Leber wieder in Gang. (Balsam für die Leber). Das Achillenkraut wiederum ist auch die Schafgarbe (Achillea).

Leberbalsam eignet sich gut als Bienenweide und beschwert den Bienen, Hummels und anderen Insekten reichhaltige Nahrung.

Diese Blumen und Kräuterpflanzen, die den Menschen und den Honigbienen, wie wohltuender Balsam vorkommen, sollen in der Natur üppig vorhanden sein. Die Schafgarbe hat allerdings einen geringen Nektaranteil und einen mäßigen Pollenwert. Von daher, ist sie keine bevorzugte Bienenpflanze. Balsam bezieht sich nicht nur auf die Bienen selbst.

Wenn Voß nur das Achillenkraut meinte, dann sind wir bei der gemeinen Schaftgabe und auch gleich bei der Achillisüberlieferung und der Achillisferse, aber das hat nichts mit unserem Thema zu tun.

Die eigentliche Bienen-BalsamPflanze-stammt aus Nordamerika und gedeiht in Waldgebieten, auch bekannt unter den botanischen Namen „Monarda". Der Bienenbalsam ist sehr attraktiv für die Bienen und anderen Tieren weshalb sie auch den Namen: "Bienenbalsam" trägt Vergil erwähnt diese Pflanze nicht, der konnte sie zu seinen Lebzeiten noch nicht kennen. Nordamerika war noch nicht entdeckt.

Man kann aber davon ausgehen, dass die Tiere, einen Balsam ähnlich genau so angenehm empfinden, wie die Menschen.

Der spanische Arzt Nicolas Mornades, hat erst 1569, die Pflanze beschrieben und ihre heilende Wirkung dargestellt.

Verbreitung: Monarda clinopodia

Zu erwähnen wäre auch noch der Balsamstrauch (cedronella canariensis). Der aber eigentlich nur auf den Azoren und den Kanaren vorkommt.

Schließen wir deshalb hier ab und kehren wir nun zum Text zurück und wenden und uns den „Weisel" zu. "**Weisel**" die Flügel ausreißen".

Gemeint ist wie oben erwähnt die Bienenkönigin, auch Stockmutter genannt. Heute ist man

weitgehend davon abgekommen der Königin die Flügel zu schneiden oder gar auszureißen. Es soll durch diese Prozedur, vermieden werden, dass ein Bienenschwarm entkommt.

Da die Königin dann flugunfähig wäre, verbleibt das Bienenvolk in ihrer Nähe. Ich gehe hier nicht weiter auf die Bienenkönigin selbst, ihrem Hochzeitsflug und nicht auf den Entstehungsprozess der jungen Bienen, und ihrer typischen Mandibeln (Mundwerkzeuge) ein, mit denen die Königinnen ihre Königinnensubstanz abgeben, weil Vergil darüber nichts berichtet hat, sondern nur geschildert, wie man verhindert kann, dass die Königin fortfliegt. Das wäre ein großer Verlust.

Bei ökologischen, nachhaltig, bewirtschafteten Imkerei, ist das Stutzen der Flügel ohnehin verpönt und wird nicht durchgeführt.

Viele verantwortungsbewusste Imker sehen im Stutzen der Flügel eine Verstümmelung der Tiere und würden sie nicht durchführen.

Früher hielt man den Weisel, für ein Männchen, weshalb sie „rex" oder „regulus apium" sagten, deshalb spricht Vergil oben von zwei Könige, die unerschrocken in Schlachten ziehen. Wenn Vergil damals schon das Geschlecht bekannt gewesen wäre, hätte er „regina apium", für Königin geschrieben.

„Gärten sollen sie locken und bunte Blumen duften und als Hüter gegen Diebe und Vögel wird der schützende Priapus mit seiner Sichel aus Weidenholz Wache halten", führt Vergil weiter aus. (109) Immer wieder weist Vergil daraufhin, bienenfreundliche Pflanzen und Sträucher vorzuhalten und Gärten, die von bunten Blumen duften. Bei Vers 110 ist von Dieben und Vögel die Rede aber der Hellespontische Priapus wird mit seiner Sichel Wache halten. (111). Voß spricht in diesem Zusammenhang von „Gevögel". Gevögel sind verschiedene, nicht näher bestimmte Arten, von Vögeln. Wer war nun Priapus.

**Priapus** (Priapos: griechisch).

In der griechischen Mythologie ein Gott der Fruchtbarkeit, er wurde oft mit einem übergroßen Phallus dargestellt. Feld- und Gartengott. Sowie der Gott der Baumfrüchte, der Gärten und der Weinberge und ist Segensbringer. Er gilt unter-anderen als Beschützer der Bienen.

Er stammt von der Küste des Hellespontes. Er sollte wie eine Vogelscheuche wirken und Diebe vertreiben und mit seiner Sichel erschrecken und wache halten. Gemeint sind tierische Diebe.

Ob die hölzerne Sichel die Vögel und Diebe, wirksam vertrieben hat, erwähnt Vergil leider nicht.

„Ein Bauer, dem die Bienenhaltung am Herzen liegt, soll mit eigener Hand Thymian und Fichten vom hohen Gebirge holen und ringsum sein Gehöft und soll die Hand in harter Arbeit abmühen, selbst fruchtbare Reiser in den Boden drücken und ihnen willkommenes Wasser zuleiten", führt Vergil weiter aus.

(Textstelle 112-115). Fichten kommen allerdings in Italien nicht vor.

Es kann sich bei der Bezeichnung „pinosque", Textstelle 112, nicht um eine Fichtenart, sondern wohl eher um eine Pinienart (Pinus penia), die auch italienische Steinkiefer oder auch Mittelmeer-Kiefer genannt wird, gehandelt haben.

Oft werden die eigentlichen Pinien mit der Aleppokiefer (Pinus halepensis) verwechselt. Auch die Seekiefer (Pinus pinaster) kann gemeint sein, die in Mittelitalien vorkommt oder auch andere Kiefernarten. So die Kalabrische Kiefer (Pinus brutia) oder die Schwarzkiefer (Pinus nigra).

Diese Arten haben aber nichts mit dem Fichtenhonig zu tun (Siehe Seite 58), sondern werden wegen ihrer Pinien-kerne und als Brennmaterial genutzt.

Bei Voß wird diese Textstelle mit Pinien übersetzt, die der Bauer von den Gebirgshöhen holt.

Dies alles soll der Bauer tun, damit der Schwarm sich auf seinem Grundstück niederlässt. Vergil spricht noch nicht von Imker, sondern vom Bauer. Vom Thymian (Quendel) war schon die Rede und auf die Fichten gehe ich unten noch ein.

Vergil besingt dann die blühenden Gärten von Paestum.

Das Gedeihen der Endivien und die „eppichumgrünten" Ufern bemerkt er und erfreut sich an der Gurke, die sich durch das Gras schlängelt. Auch die Narzisse, hier kann auch die Herbstnarzisse gemeint sein. Oder die Ranke der Akanthus, will er nicht verschweigen. Er erwähnt, dass Efeu, die strandliebenden Myrten und zeichnet ein Bild von einer intakten, ländlichen Idylle, ohne Klimawandel und Insektensterben.

Die Stadt **Paestum** früher Posidonia, war durch ihre blühende Rosenpracht berühmt. Heute UNESCO-Weltkulturerbe.

**Eppich**

Bei den „eppichumgrünten Ufern" handelt es sich um den gemeinen Efeu. Efeu galt auch als Symbol der Heiterkeit, der Geselligkeit und der Freundschaft. Efeu findet in der Naturheilkunde Verwendung. Eppich ist eine alte landwirtschaftliche Bezeichnung für verschiedene Pflanzenarten. Unter dieser alten Bezeichnung fällt auch die Petersilie, echter Sellerie, Scharbockskraut und Liebstöckel.

Das wird Vergil, in seiner Gesamtheit wohl gemeint haben, als er von „eppichumgrünten", Ufern berichtet, einen grünen Pflanzenteppich, der bis zu den Ufern reicht. Soweit Vergil den gemeinen Efeu (Hedera hilix) meinte, ergibt das auch wieder Sinn, denn aufgrund der späten Blütezeit ist der Efeu eine wichtige Nahrungsquelle für Bienen, Wespen und Schwebfliegen.

Das Scharbockskraut ist nicht im Mittelmeerraum beheimatet und Sellerie und Petersilie sind keine Trachtpflanzen. Liebstöckel auch Maggikraut genannt, kommt im Mittelmeerraum zwar vor, spielt aber als Bienenweide keine Rolle daraus können wir schließen, dass Vergil, wenn er von „eppichumgrünten Ufern", spricht, den gemeinen Efeu meinte.

**Akanthus, Akanthus.**

Weltweit sind 20-30 Acanthus-Arten bekannt. Eine Pflanzengattung aus der Familie der Arkanthus-Gewächse. Trivialname auch als Bärenklau bekannt, allerdings nicht zu verwechseln mit der Gattung **Bärenklau „Heracleum".**

Die größte Artenvielfalt, ist im Mittelmeerraum und in Asien anzutreffen und ist als Nektarspender, bei den Bienen beliebt. Acanthus ist als Bienenkraut bekannt.

Die Bestäubung erfolgt insgesamt durch Insekten (Entomophilie). Entomophile Blüten, entwickeln gewisse Anlockungsmechanismen, durch Färbung, Glanz, Blütenfülle, Duft und aromatischen Geruchslockstoffen, zum Beispiel Vanillin (syntetische Vanille) bei Heliotrop und natürlich die Zuckerkonzentration. Vanillin ist der naturidentische Hauptaromastoff in den Kapselblüten der Gewürzvanille. Diese Aromastoffe spielen bei der Bestäubung eine bedeutende Rolle. Von diesen wissenschaftlichen Ergebnissen der Bienenforschung konnte Vergil noch nichts wissen. Er beobachtete nur, dass die Honigbienen, bestimmten Pflanzen bevorzugten.

Oft sind die hier aufgeführten Pflanzen auch Heilpflanzen. Darauf gehe ich nicht weiter ein, weil Vergil die Pflanzen, immer in Bezug auf die Honigbienen als Nektarquelle erwähnt.

Auch die Myrten erwähnt
Vergil: Myrten (auch:
Brautmyrte): Immergrüner
Strauch. Zwischen Mai und
August entwickeln sich
weiße Blüten.

Und weiter erwähnt er in
seinem Lehrgedicht den
dunklen Galaesus, der
gelbe Saaten bewässert.

**Galaesus, Galesus.**

Horaz spricht in den Oden
2,6. „Vom lieblichen Fluss."
Es handelt sich um einen
Fluss in Unteritalien, der die
Felder von Tarent bewässert.
An dieser Stelle taucht auch
der  Name **Oebalia** auf.
Oebalia ist der alte Name
von Tarent.

Oibalos war König von
Sparta. Als er starb,
wurden seine
Nachkommen, als
„Oibaliden" bezeichnet.
Er war Namenspate des
heutigen Tarents.

**Corycischen Greis**

Vergil erwähnt auch
einen Corycischen Greis,
„der wenige **Joch**
herrenloser Felder besaß,
weder geeignet als **Trift**
für Stiere noch tauglich
für die Schafhaltung noch

günstig zum Weinbau.
Und doch dünke sich
dieser Mann, der nur
spärlichen Kohl zwischen
Dornhecken und rings
umher dünnkörnigen
Mohn um weiße **Lilien
und Verbenen** setzte. Im
Herzen reich wie die
Könige, und kam er erst
spät in der Nacht heim,
belud er den Tisch mit
Speisen, die er nicht zu
kaufen brauchte."

Vergil schildert nun, was
dieser Greis alles tat, „im
Frühjahr pflückte er
Rosen im Herbst Äpfel,
verpflanzte **Ulmen**, und
**abgehärte Birnbäume**,
veredelte **Schlehdorne**,
die schon Pflaumen
trugen. Trotz aller Mühsal
hatte er bald den ersten
Überfluss, an jungen
Bienen und Schwärmen
und gewann den
schäumenden Honig aus
den gepressten Waben,
denn er besaß Linden und
futterreiche Fichten."
Alle Blüten, wurden
durch die Bienen
bestäubt. Er ist ein
glücklicher Mensch, der
sich nur von Gemüse, was
er selbst anbaute,
ernährte und trotz seines

bescheidenen Daseins glücklich war.
Im Text heißt es:
„Corycium semen"
„Semen bedeutet
„Samen" und kann auch als Urprung/ Herkunft gedeutet werden. Und „senex" bedeutet, alt und betagt.

Es handelt sich somit, um einen älteren Menschen. Wichtig ist für allein nur, was er tat und wie er trotz aller Mühsal, sein Feld bestellte und immer darauf bedacht, seine Bienen zu schützen.

In der älteren Übersetzung von Johann Heinrich Voß heißt es an dieser Stelle: Sah ich einen Korykier-Greis, der verlassenen Landes, wenige Morgen besaß und nicht einträglich dem Pflugtier, noch anlockende Weiden dem Vieh, noch gefällig der Rebe." Auch diese Übersetzung drückt aus, welche Mühsal der Greis zu

bewältigen hatte.

**Latifundien**

Ausgedehnter, großräumiger Landbesitz.

**Korycos (Corycus).**

Es musste sich bei dem besagten Greis, um einen aus der antiken Stadt Korykos gehandelt haben.
Herrenlose Felder kann man rechtlich nicht besitzen. Die Felder machten einen herrenlosen Eindruck und waren nicht viel wert.
Ferner erwähnt Vergil „Joch",

**Joch**

Mit Joch ist hier nicht das Zuggeschirr für Tiere, sondern ein altes, seit der Antike bekanntes Flächenmaß gemeint. Das römische Joch misst ca.
25,29 Ar, wobei ein Ar 100 m2 sind. Joch ist im Sprachgebrauch in Süddeutschland und Österreich bis heute erhalten. Bei Voß sind es allerdings wenige „Morgen", die der Greis besitzt.
Ob nun Joch oder Morgen, der Greis muss viel Mühe aufbringen und hart arbeiten, dass er von seinem kargen

Feld etwas ernten kann,
was er zum Leben
dringend benötigt. Trotz
aller Mühsal aller Pein
ist er glücklich, wie ein
König schreibt  Vergil.

**Trift**

Trift, abgeleitet von
treiben. Den vom Vieh
benutzten Weg zwischen
Weideland und Stall.
Viehtrift. Hier aber mehr
als Weide gemeint.

Er setzte auch
dünnkörnigen Mohn,
Verbenen und weiße
Lilien.

Heute wissen wir, dass
sich die Bienen
bestimmte Gerüche,
merken können, und
wissen, wo eine
Belohnung wartet, selbst
wenn eine
Geruchsmischung,
mehrerer Pflanzen
vorliegt.
Den Bienen die
Geruchsspur süßen
Nektar verheißt.

**Verbenen, weiße Lilien
und dünnkörniger Mohn.**

Verbenen auch
Eisenkraut. Eine der
bekanntesten Vertreterin

ist die Zitronenverbene.
Es gibt weltweit, etwa
125 Lilien-Arten. Sie sind
keine Selbstbestäuber,
sondern bedürfen die
Pollen anderer Pflanzen.

Auch beim Papaver
(Mohn) gibt es viele
Sorten. Vergil spricht hier
von dünnkörnigem Mohn.
Mohn, hat einen
Nektarwert von drei, alle
diese Arten erfreuen die
Bienen und lockten sie,
wegen der
grellleuchtenden Farben
außer dem roten
Klatschmohn, da die Biene
rot- blind ist und die Farbe
nicht er kennen kann. Dies
war Vergil noch
unbekannt. Es muss
deshalb einen anderen
Grund gegeben haben.
Wahrscheinlich war es der
Duft und der hohe
Nektarwert.

Dies alles tat der
Corycischte Greis, auf
den wenigen Joch seines
kargen Feldes an für
seinen Bienen.

Vielleicht hat es sich auch
um Schlafmohn gehandelt,
denn der Samen des
Schlafmohns kann als
Nahrungsmittel und zur

Ölgewinnung dienen und bringt mehrfachen Nutzen.

Vielleicht hat sich der alte Mann, wenn er müde vom Feld in seine Hütte zurückkam, aus dem Milchsaft des Schlafmohns, einen Rauschtrunk gemixt, der ihn einen tiefen Schlaf geschenkt hat, so wie es beschrieben wird. Lassen wir das mal so stehen, und gönnen dem Greis die notwendige Ruhe.

**Hyazinthe**

Vergil führt weiter aus:" ….schnitt er schon das Haar der weichen Hyazinthe", er macht diese Aussage im Zusammenhang mit den Flüssen, sodass ich glaube, dass er hier die Wasserhyazinthe meinte.

Diese Pflanze kann, neben weiteren

Eigenschaften (Phytosanierung) als Flechtmaterial eingesetzt werden. Mir ist bekannt, dass die Heimat der Wasserhyazinthen, Südamerika ist.

Zwischenzeitlich ist die Wasserhyazinthe ein weltweit verbreiteter Neophyt. (Invasive Pflanze). Diese Pflanze kann Vergil nicht gemeint haben. Im Text heißt es „hyacinthe".

Vielleicht meinte Vergil, aber auch nur die ganz gewöhnliche Gartenhyazinthe, im bildlichen, übertragenen Sinne, denn der Name Hyazinthe leitet sich von Hykinthos, einem schönen Jüngling in der griechischen Mythologie ab.
Denn die Kunde besagt, dass der schöne Jüngling versehentlich vom Gott Apollon durch einen Diskus getötet wurde. Aus Trauer darüber verwandelte Apollo die Blutstropfen in Blumen.

Das Liliengewächs Hyazinthe, wird mit diesem Mythos in Zusammenhang gebracht. In der heutigen Lehre ist man aber mehrheitlich der Meinung, dass eher die Schwertlilie oder der Rittersporn hier in Frage kommen. Siehe Karl Ernst Georges: Ausführliches latein-deutsches Handwörterbuch,

Hannover 1913
„Hyazinthe der Alten-
nicht die unsrige."

Wenn wir dem Schrifttum Glauben schenken wollen, dann ist unsere Hyazinthe nicht gemeint. Gehen wir deshalb einen Schritt weiter. Vergil spricht ferner von futterreichen Fichten.

## Wegwarte

Die gemeine, gewöhnliche Wegwarte (Chichorium intybus) blüht in Europa ist jedem Straßenrand. Sie wird oft wenig beachtet, obwohl sie früher, mehr bedeutend als Heil- Nahrungspflanze war.

Vergil hat sie nicht erwähnt, weil sie wohl überall üppig wuchs. Sie hat ein- en Nektar- und Pollenwert von drei.

## Fichten (Picea)

Fichten, und zwar „futterreiche" besaß der Corycischte Greis auch, erfahren wir. Aber welche Fichten hat Vergil gemeint, wo sich die Fichten doch durch den selbst Wind bestäuben und keinen tierischen Bestäuber benötigt werden. Fichten haben für Bienen keinerlei Trachtwert. Vergil kann eigentlich nur die in unseren Breiten vorkommenden „gemeine Fichte" gemeint haben.

Fichtenhonig, ist aber kein Honig im eigentlichen Sinne, denn er wird nicht durch Honigbienen erzeugt, sondern ist ein sehr dicker Sirup aus Baumsäften. Er wird hergestellt wie Ahornsirup oder Rübensirup, nämlich durch Zuckerzugabe zu einem Saft und anschließendem Einkochen. Die Fichten selbst, sind einhäusig, d. h. entweder herrschen weibliche oder männliche Blütenstände vor.

Das Wort Fichte wurde von den Römern im Sinne von „harzhaltiges Holz: Fichte" geprägt. (Vergil Aeneis 6,180) Nur am Rande erwähnt. Mit dem Harz schützt sich die Fichte vor dem Borkenkäfer. Sie fängt an zu „harzen", wenn der Borkenkäfer seine Eier ablegen will.

Verschiedene Schmetterlinge und Käfer sind auf die Fichte angewiesen. Allerdings ist die Fichte ein Wirtsbaum, für einige Honigtau erzeugende Schild- oder Rindenläuse. Der Waldhonig ist dieser Honigtau. In Wachstumsphasen in welchem der Saft der Leitungsbahnen der Fichten besonders zuckerhaltig ist, kommt es schnell zu einer Massenvermehrung dieser Insekten und damit zu einem hohen Honig-Ertrag. Waldhonig entsteht daher nicht aus Nektar, sondern aus Honigtau. Honigbienen sammeln diesen süßen Saft und machen Waldhonig daraus. Johann-Heinrich Voß übersetzt diese Stelle nicht in „futtereiche Fichten", sondern spricht von Pinien. Das wäre auch korrekt, da Fichten in der Heimat von Vergil nicht vorkommen. Insoweit kann Vergil damit beispielsweise nicht den Fichtenhonig gemeint haben.

Dennoch wollte ich an dieser Stelle auch kurz auf den Fichtenhonig eingehen.

Wenn wir bei den Pinien oder Fichten einmal inhaltlich bleiben, so ist es erstaunlich, was Vergil mit nur zwei Worten „futterreiche Fichten", alles ausdrücken kann. Wichtige Bestandteile der Fichte sind ihre Harze.  Ätherische Öle und die Gerbstoffe in der Rinde. Im Altertum wurden ätherische Öle, wegen ihrer entzündungshemmenden und antibakteriellen Wirkungen, bei verschiedenen Krankheiten eingesetzt.

Die Fichte, stellt somit für den Menschen, nicht nur den Fichtenhonig, sondern auch, Öle, Gerbstoffe, Fichtenholz zur Verfügung und ist von daher, für den Menschen in vielerlei Hinsicht „futterreich". Auch die Pinien kann als „Futterreich" bezeichnet werden. Die Pinienkerne sind als Nahrungsmittel sehr begehrt und die Zapfen und Samenschalen dienen als Brennholz. Die

bei Vergil erwähnten Arten,
haben immer eine
besondere Bedeutung.

Wir erfahren auch, dass die
jungen Blüten, am
trächtigen Baum genauso
viele Früchte
hervorbrachten, wie Blüten
vorhanden waren.
Demnach wurden alle
Blüten, durch die
Honigbienen bestäubt. Der
Greis verpflanzte sogar
Ulmen und spät noch in
Reihen abgehärtete
Birnbäume.

## Ulmen

Im antiken Griechenland
galt die Ulme als Symbol
des Todes und der
Trauer. Für Bienen hat sie
nur wenig Bedeutung, der
Pollenwert ist zwei. Wir
erfahren weiter, dass er
noch spät Ulmen in
Reihen verpflanzte.
Leider erwähnt Vergil
nicht genau, um welche
Ulmen- Art es sich
handelt.

Im Text steht nur
„Ulmos". Vielleicht war es
die „Flatterulme" die in
Deutschland 2019 der
Baum des Jahres. Oder
die Feldulme. Die Blätter

wurden früher als
Viehfutter verwendet.
Wie dem auch sei, er
verpflanzte Ulmen wohl
auch des Holzes und des
Schutzes wegen.

## Abgehärtete Birnenbäume

Vergil spricht davon, dass
der Greis „abgehärtete"
Birnbäume in Reihe
pflanzte."

Er kann damit zweierlei
gemeint haben. Zum
einem, abgehärtete, an
robustem Klima
gewöhnte Birnenbäume
oder Bienen, die nicht
betäubt werden, weil es
den Honigbienen, dort
wo die Birnenbäume
stehen, einfach zu kalt ist.
Soweit Vergil mit
robuste, abgehärtete
Birnenbäume, eine
bestimmte Sorte meinte,
kann er die Nashi-
Asienbirne nicht haben,
denn diese Birnenart
kam damals nur in China
vor.  Er könnte vielleicht
die gemeine
(gewöhnliche)
Felsenbirne gemeint
haben.
Die Felsenbirne ist aber
kein Obstgewächs,

sondern eine Pflanzenart aus der Familie der Rosengewächse. Das ursprüngliche Verbreitungsgebiet waren Gebirge. Zwischenzeitlich ist die Pflanze auch in unseren Gärten zu finden und wird von Insekten bestäubt.

Das würde wieder passen, denn die Pflanze ist als ursprüngliche Gebirgspflanze, abgehärtet. Die gewöhnliche Felsenbirne, dient auch verschiedenen Schmetterlingen als Wirt. Die süß schmeckenden Früchte werden zu Marmelade verarbeitet.

Vergil meinte wohl eher, den auch bei uns bekannten Birnbaum. Plinius nennt bereits 38 Sorten von Birnbäumen. Das Holz ist hart und wenn es spät im Jahr gepflanzt wird, werden die Bäume, auch gehärtet, also abgehärtet sein. Bei den Tafelbirnen wird zwischen Sommer- Herbst und Winterbirnen unterschieden. Die Winterbirnen zum Beispiel die Pastorenbirnen sind nicht vor Dezember erntereif. Oftmals dauert es sogar bis Januar.

Die bei uns vorherrschenden Birnen, haben einen Nektar- und Pollenwert von zwei.

Vielleich hat Vergil aber auch etwas ganz anderes gemeint. Birnen, die nicht bestäubt werden, entwickeln ihre Frucht ohne Kerne. Die Kerne senden ein Hormon aus, dass das Wachstum der Fruchtknoten anregt. Fehlt dieser Stoff, entwickelt sich keine Frucht aus der Blüte.

Sofern der Fruchtknoten noch intakt ist, können sich sog. Jungfernfrüchte bilden. Die erforderlichen Wachstumshormone werden dann nicht vom Fruchtknoten, sondern vom Fruchtblatt produziert. Das Fruchtblatt hat sich oft, durch einen mechanischen Reiz zu einer Birne entwickelt. Vielleicht war es den Honigbienen zu kalt, dort wo die abgehärteten Birnenbäume des Greises standen, und sie wurden nicht bestäubt. Die Natur dachte sich ein Ersatzverfahren aus.

Hat Vergil an dieser Stelle vielleicht, die oben dargestellte Parthenokarpe (jungfernfrüchtige) der Birnen gemeint, also die Bildung samenloser Früchte gemeint

Das brauchen wir hier nicht weiter zu vertiefen. Vielleicht wollte ausdrücken, dass der Greis, Birnenbäume besaß, die nicht bestäubt waren, aber dennoch Früchte trugen. Kann, so etwas überhaupt geschehen. Ja das ist in der Natur möglich.

Die Fruchtentwicklung, kann zum Beispiel durch mechanische Reize des Fruchtblattes ausgelöst werden (induktive, stimulative P.) oder spontan auftretende (vegetative P.)

Heute wird Parthenokarpie auch gentechnisch erzeugt, um kernlose Früchte zu erhalten. Dieser Trend wird immer mehr durchsetzen, weil immer weniger Insektenbestäuber in der Natur vorkommen.

Kehren wir nun zurück, was Vergil außerdem erwähnte, und zwar den Schlehdorn.

**Schlehdorn (prunus spinosa)** auch Schlehe, Sauerpflaume, Heckendorn, Schwarzdorn.

Es ist doch sehr interessant, dass wir erfahren, dass der alte Mann Schlehen veredelte, denn in Tat gelten die Schlehen, als Vorfahren der Pflaumen. Darüber hinaus zählt die Schlehe zu den wichtigsten Wildsträuchern für Tiere. Die Innenseiten der Blütenkelche, sondern reichlich Nektar ab. Der Nektarwert ist drei und Pollenwert zwei. Dem Greis ging es aber darum, größere Früchte ernten zu können. Heute wird diese veredelte Form der Schlehe, als sehr schmackhafte Furcht im Fachhandel angeboten. Aber dass man dieses Wissen schon zu Vergils Zeiten hatte, ist doch erstaunlich.

Nach dem Blütenstand der Schlehe, der Beere des Schlehdorns, wurden früher die Erntezeit und das Wetter vorausgesagt. Heute kann man davon ausgehen, dass sich durch die Klimaerwärmung, das Zeitfenster nach vorn verschoben hat. Sie wurde auch Pflaumenschlehe genannt und zeigt die Wichtigkeit für die Menschen.

Um diese Früchte ging es. (www. wikipedia.de).

### Pestizide

Bezeichnung für Chemikalien und Mikroorganismen, mit denen „Schädlinge" getötet werden, um Ernteerträge zu erhöhen und Ausfälle zu vermeiden. Leider kommt es aber dadurch auch immer wieder zu Ausfällen auch bei den Bienen.

Zurzeit entwickelt man neue Strategien, um weniger Pestizide einzusetzen. Leider werden heute Pestizide im Nektar nachgewiesen.

Zurzeit von Vergil setzte man die vorhandenen, natürlichen Mittel ein, wie wir unten sehen werden.

### Honig

Hier, der aus Nektarien also den Saft- und Honigdrüsen gesammelte und in ihrem Körper aufbereitete und in besonderen Zellen des Bienenstocks entleerender süße Natursaft.

Im Sprichwörter-Lexikon, im Alten Testament, heißt es an einer Stelle: „Ein Löffel Honig lockt der Fliegen mehr als zwanzig Tonnen Essig her." (Karl Friedrich Wilhelm Wander. (Herausgeber) Deutsches-Sprichwörter-

Lexikon. Band 2. Leipzig 1870. Es gibt weitete Lobpreisungen, wie wir unten sehen werden. Zurzeit von Vergil war Honig der wichtigste Süßstoff.

Es gibt zahlreiche Geschichten, wo Honig als Lebensretter und Hungerstiller diente. Nicht nur Zeus wurde mit Honig genährt, sondern beispielsweise auch Meliteus.

Meliteus, der Sohn des Zeus und der Nymphe Othreis. Seine Eltern setzten ihn aus Furcht vor Hera, der eifersüchtigen Gattin des Zeus, in der Wildnis aus.

Doch Meliteus, starb nicht, wie Hera gehofft hatte, sondern sein Vater sorgte dafür, dass er von Bienen genährt wurde.  Als er gefunden wurde, machte er einen wohlgenährten Eindruck und gründete später die Stadt. Melitaia. Deswegen erhielt er den Namen „Meliteus", griechisch „Honig."

„Diabetes millitus", heißt honigsüßer Durchfluss, Honigharnuhr". Darunter wird heute umgangssprachlich die „Zuckerkrankheit" verstanden, die eine chronische Stoffwechselkrankheit ist.

Aus dem kohlenhydrathaltigen Nektar machen die Bienen den Honig, der eigentlich für die Brut und als Nahrungsvorrat, für die blütenlosen Wintermonate gedacht ist. Der Nektar muss mit dem Saugrüssel, aus der Blüte gesaugt werden und wandert dann in die Honigblase der Biene.

Soweit bis hier, denn Vergil erklärt nicht, wie aus Nektar Honig entsteht. Das der Nektar durch die Bienen mit Säuren, Enzymen, Eiweißen und anderen Stoffen angereichert wird, damit Honig entsteht, konnte Vergil damals noch nicht wissen. Darüber hinaus müssen die Bienen den Nektar noch verarbeiten.

Im alten Rom begrüßten sich die Imker mit: "mella fluant tibi" was so viel heißt wie: Möge dir der

Honig fließen". Die Imkereien der damaligen Zeit, warfen Profit ab. Jeder römische Gutsherr, hielt sich mindestens einen, wenn nicht mehr Bienensklaven (capiarius), der die Aufgabe hatte, das Bienenhaus (Melarium)" zu betreuen. Auf italienischem Gebiet kam der beste Honig aus Sizilien.

Zum Frühstück (lentaculum) gab es neben anderen Speisen auch Honig in verschiedenen Arten. Das Mittagessen (Prandium) bestand meist aus leichter Kost. Das Abendessen (Cena) hingegen, war die eigentliche Hauptmahlzeit, wo natürlich der Honig wieder eine wichtige Rolle spielte. Der Honig wurde aber nicht nur als Süßspeise, sondern auch für Saucen und Backwaren verwandt. Die Bundesbürger sind fleißige Honigkonsumenten und verzehren im Jahr im Schnitt etwa 1,1 Kilogramm im Jahr. Damit sind wir weltweit Spitzenreiter. Die Honigvielfalt, und die Qualität der Ware ist bei uns sehr groß.

Die einen bevorzugen Waldhonig, die anderen eher den Rapshonig. Für ein Glas Honig von 454 Gramm Inhalt werden etwa 227000 Bienen benötigt. Man kann davon ausgehen, dass eine Biene, bei jedem Flug 0,04 Gramm Nektar transportieren kann. Da der Nektar aber nur 40 % Zucker enthält und für den Honig aber 80% benötigt werden, transportiert die Honig-Biene pro Flug eigentlich nur 0,02 Gramm. 454 Gramm durch 0,02 ergibt 227000 Honig-Bienen. Das ist für die Bienen kein Honigschlecken, sondern Schwerstarbeit. Bei einem Ausflug besucht die Biene etwa 100 Blüten, bis sie wieder zum Stock zurückkehrt. Man kann davon ausgehen, dass eine Biene am Tag 200000 Blüten besucht. Das ist eine gewaltige Leistung. Ein Grund mehr, diese Tiere lieb zu haben, die uns unermüdlich, ohne zu murren, einen leckeren Brotaufstrich zur Verfügung stellen.

Wenn man den Berichten Glauben schenken darf, dann hat sich auf dem Weltmarkt leider eine FälscherIndustrie entwickelt, die Honig mit Zuckersirup streckt und ihn als echten Honig verkauft. Demnach ist der Honig das meistgefälschte Produkt überhaupt. Wenn der gefälschte Honig, bereits in einem Produkt verarbeitet ist, kann man die Fälschung nicht mehr feststellen. Deshalb sollte man nur Honig, aus den europäischen Ländern und Honig mit dem Qualitätssiegel "Echter Deutscher Honig", und damit kontrollierte Qualität, aus den Imkerbetriebe, unterstützen. Dieses Qualitätsmerkmal erfüllt die Anforderungen die über die gesetzlich vorgeschriebenen Anforderungen der Honigverordnung hinausgehen. Alle möglichen Honige, Blütenhonig, bis Backhonig, müssen den Anforderungen der Honigverordnung entsprechen.

Es gibt keinen Hinweis, dass zurzeit von Vergil, Honig gepanscht wurde. Er war echt.

Echter Honig, ist nach der Honigverordnung bei uns als Lebensmittel geschützt und muss gewisse Qualitätsmindestanforderungen und andere Kriterien nach dem Lebensmittelrecht erfüllen.

Dem Honig dürfen beispielsweise, weder Stoffe entzogen noch hinzugefügt werden. Lediglich eiweißhaltige Pollen dürfen entzogen werden. Der Honig ist dann als „Gefilterter Honig" zu kennzeichnen. Deswegen ist der Kunde gut beraten „Deutschen Qualitätshonig" zu kaufen, der einer strengen Überwachung unterliegt und die Garantie bietet, echten, reinen Honig im Glas zu haben.

Ich will das hier nicht weiter ausführen, da es zurzeit von Vergil offensichtlich keine Honigfälschungen gab. Er berichtet jedenfalls nichts davon. Der Verbraucher kann sich im Internet oder bei den Imkern, weitere Informationen zu diesem Thema einholen.

Auch die heute gängigen Honigsorten und Arten hat Vergil so nicht gekannt. Obwohl Honig von verschiedenen Blüten, natürlich bekannt waren. Aber wo keine Heide gedieh, konnte auch keinen Heidehonig entstehen. Der Honig wurde meist als Süßmittel verwendet.

Und da es zurzeit von König Salomon, wohl auch keine Honigfälschungen gab, sprach er: "Iss Honig mein Sohn, denn er ist gut und Honigseim, ist süß in deinem Gaumen." (Spr. 24,13). Ja, recht hat er, der weise Salomon, der Honig war unverfälscht und schmeckte köstlich. (Altes Testament „Buch der Sprichwörter").

**Honig als Heilmittel**

Auf die heilende Wirkung des Honigs habe ich schon hingewiesen. Die älteste bekannte Erwähnung von Honig, finden wir auf einer Tontafel, der Sumerer aus der Zeit von 2100-2000 v. Chr.

Auf dieser Tafel sind Rezepte für Medikamente und Salben, auf Ton verewigt. Auch schon Hippokrates und die Ägypter verwendete Honig zu Behandlung von Wunden. Ebenso in Indien und China.  Alle sonstigen Bienenprodukte, wurden im Altertum als Heilmittel eingesetzt. Honig war nicht nur als Nahrungsmittel und Süßstoff, sondern auch als Heilmittel geschätzt, bis zu den heutigen Tagen.

Honigwasser kann beispielsweise die Verdauung und den Stoffwechsel anregen. Auch im Hustensaft im Hustensaft, bringt er Linderung. Und hilft bei Durchfall, sowie bei Erkältungen.

**Apitherapie**

Das Wort **„Apitherapie",** setzt sich zusammen aus

„Apis" für Biene und „therapeia" für Krankenpflege.

Als Apitherapie wird die medizinische Wirkung auf die Gesundheit beschrieben, die von Bienen und den von Bienen erzeugten Produkten ausgeht. Diese Methoden. sind schon lange bekannt und reichen 6000 Jahre zurück.

Auch heute noch wird Honig, wegen seiner antibakteriellen Heilwirkung, vielseitig in der Medizin eingesetzt. Chemisch gesehen ist Honig eine Säure. Der pH-Wert liegt zwischen 3,5 und 4,5, im sauren Milieu. Hier können keine Bakterien wachsen. Spezielle Honigsorten enthalten zudem große Mengen des Enzyms Glukose-Oxidase. In Verbindung (Berührung) mit der Wundflüssigkeit, wird Glukose, in Glukosesäure umgewandelt. Bei diesem Vorgang wird Wasserstoffperoxid freigesetzt, das wie ein Desinfektionsmittel wirkt.

Natürlich kommt hier nur ein spezieller,

medizinischer Honig, und zwar Manuka- Honig aus Neuseeland zum Einsatz. Der Blütennektar stammt von der Südseemyrte Manuka. Der Manuka-Honig wird wegen einer hohen antibakteriellen Wirkung beispielsweise bei Helicobacter pylori, Wundbehandlungen und Hautinfektionen eingesetzt.

Diese neuen, medizinischen Entwicklungen und Anwendungsbereiche konnte Vergil in allen Einzelheiten nicht kennen, obwohl Vergil, die gemeine Myrte, lobte und ausdrücklich erwähnte.  Heute gibt es 150 anerkannte Rezepte, die Heilung versprechen. Auch warme Luft die wie Honig schmeckt, ist eine willkommene Hilfe bei Asthma. Die Menschen zu seiner Zeit ahnten aber, dass der Honig mehr als nur ein Nahrungsmittel ist.

Die Wertstellung des Honigs, hat sich durch die Wissenschaft erhöht und an Bedeutung gewonnen. Auch hier können wir Vergil wieder recht geben, der den Honig besingt und lobt, nicht nur als Speise der Götter. Und noch eine Feststellung, die Vergil auch nicht in allen Einzelheiten kannte.

**Honiggläser**

Der beste Honig verdirbt im unreinen Glas. (Karl Friedrich Wilhelm Wander Herausgeber Deutsches-Sprichwort Lexikon. Band 2. Leipzig 1870).

Noch etwas ist in diesem Zusammenhang, von besonderer Wichtigkeit. Honigreste in Honiggläsern aus nicht EU-Ländern, sollen vor dem Recycling, gewaschen werden. Die heimischen Bienen werden sonst durch die Honigreste angelockt, nehmen den Honig auf, tragen ihn den Stock und füttern damit die Brut.

Da aber der Honig, aus nicht EU-Ländern, nicht den strengen Qualitätsanforderungen, wie EU-Honig unterworfen ist, können sich unsere Bienen, an diesen fremden Honigresten mit gefährlichen Krankheiten, zum Beispiel der amerikanischen Faulbrut, infizieren. Deshalb ist es zum Schutz der Bienen notwendig, die vorher Gläser auszuwaschen.

Und noch etwas ist in diesem Zusammenhang wichtig. Bei einem wirklichen Honiggenuss sollte man unbedingt darauf achten, nur mit einem sauberen Löffel oder Messer in den Honig zu tauchen, es könnte sonst Speichel, Fremdstoffe oder gar Bakterien, in den Honig gelangen und ihn schnell verderben.

Die Menschen suchen nach Heilung.

Vergil hat die heute gängigen Honigsorten, Honigarten in ihrer Vielfalt nicht gekannt. Natürlich wurde schon zwischen den verschiedenen Blütenhonigen, zum Beispiel Akazienhonig und dem Waldhonig unterschieden. Das war ja auch vegetationsbedingt. Wo keine blühende Heide war, gab es auch keinen Heidehonig.

**König Salomon oder Salomo**

Als Gott ihm einen Wunsch zusagte, wünschte sich der bis dahin noch nicht weise König Salomon, die Weisheit, um sein Volk gut regieren zu können. Er war der erste Erbauer des jüdischen Tempels in Jerusalem.

Um seinen Bienenbestand zu erhalten, ist se erforderlich, die Bienenvölker im Winter zu füttern.

**Bienenwinterfutter**

Wenn wir Menschen den Honigbienen, ihren mühsam zusammengetragenen Nahrungsvorrat, einfach wegstehlen, dann müssen wir auch dafür sorgen, dass sie im kalten Winter, wo es keine Blütentracht mehr gibt, nicht verhungern.

Vergil hat darüber nichts berichtet. Vielleicht ist das in auch nicht erforderlich gewesen, weil eine gewisse Tracht, wohl das ganze Jahr in den südlichen Ländern bestand. Bei uns ist dies allerdings anders.

Natürlich stellen die Imker dafür den Bienen ausreichend Bienen-Winterfutter zur Verfügung. Viele Imker stellen dieses Winterfutter selbst her oder kaufen es.  Zum Beispiel Zuckerwasser, Futtersirup, Stärkesirup, Ambrosia Futterteig Bio-Rübenzucker und Ähnliches.

Erfahrene Imker wissen ganz genau, wie viel und was ihre Honigbienen, über die langen Wintermonate an Futter brauchen, damit es ihnen gut geht. Je nach Erntejahr, Witterung, Klima und sonstiger Umwelteinflüsse, ist Bienenwinterfutter variabel.

Drei Faktoren sollten stets beachtet werden der Wassergehalt, Kristallisationsneigung und der Aschegehalt (unverdauliche Stoffe)

**Weitere Bienennebenprodukte**

**Pollen, die natürlichen Kraftpakete der Natur. (lateinisch: Pollen sehr feines Mehl)**

Pollen, Pollenkörper sind Mikrosporen, bei

verschiedenen Pflanzenarten. Pollen bestehen zu 20-30% aus verschiedenen reduzierten Zuckerarten. Protein und freien Aminosäuren. Ferner sind in Ihnen fast alle Vitamine enthalten.

Pollen sind die männlichen Geschlechtszellen einer Samenpflanze. Pollen oder auch Blütenstaub, eine aus sehr kleinen Körbchen, bestehende mehlartige Masse aus Staubbeutel (Pollenkörper), die die Bestäubung bewirkten und zur Befruchtung beiträgt. Der Blütenstaub ist darüber hinaus ein wichtiges Baumaterial für das Nest.

Aber nicht nur Nektar bringen sie in den Stock, sondern auch Pollen. Dies beobachte Vergil bereits, wenn er bei Vers 180 schreibt: „Abend kehren sie müde heim, die Schenkel voller Thymian."

Die Bienen kommen, wenn sie den Nektar schlürfen mit den Staubbeuteln der Pflanzen in Berührung. Der Blütenstaub bleibt an den Härchen (Bürstchen) ihrer Schenkel, hängen. Besucht sie eine weitere Blüte, bleibt der Blütenstaub an der Narbe der anderen Pflanze hängen, die Bestäubung ist vollzogen.

Die eiweißreichen Pollen werden den Stockbienen übergeben und dienen als Nahrung für die Brut. Pollen, spielen für die Eiweißversorgung der Brut eine wichtige Rolle. Ohne Eiweißversorgung wird sich das neue Bienenvolk, kaum entwickeln können. Deshalb ist der Pollenwert einer Pflanze, genauso hoch einzuschätzen, wie der Nektarwert während der Trachtzeit.

Es kann sich dabei, um Pollen verschiedenster Art und Farben handeln. Je nach Jahreszeit und Blüte, wie oben schon dargestellt. Es handelt sich meistens um Staubbeutel. Allergiker können ein Lied davon singen.

Der Pollenflug selbst der schon im Dezember beginnt und im September endet, bereitet den Allergikern große Probleme. Es macht sich jedoch immer mehr die Erkenntnis breit, möglichst viele Trachtpflanzen zur Verfügung zu stellen. Ein Pollenmangel wirkt sich negativ auf das Immunverhalten und Vitalität der Bienenvölker aus. Eine Pollenvielfalt, darauf wies Vergil immer wieder hin, ist für die Gesundheit der Bienen von großer Bedeutung. Leider sind heute viele Pollentrachten, das haben Untersuchungen ergeben, oft dekontaminiert. Damit die Stockmutter, viele Eier legen kann, benötigt sie eiweißreiche Nahrung. Verschiedene Pollen sind jedoch für den Menschen schädlich. Dazu gehören die Pollen verschiedener Rhododendron-Arten, sowie vom Oleander und Lorbeerrosen. Die Wirkung nach dem Verzehr von Honig mit hohem Gehalt an solchen Pollen ist seit der Antike bekannt (Pontischer Honig).

Pontischer Honig ist Tollhonig. Der Verzehr führt zu verschiedenen Vergiftungserscheinungen. Dies hat zuerst der griechische Schriftsteller Xenophon in seinem Werk *Anabasis* anschaulich beschrieben. Vergil hat darüber nicht berichtet.

## Bienenwachs

Schließlich, sondern sie Bienenwachs (cera) ab, der zum Bau und zur Reparatur der Bienenwaben und zur Herstellung von Kerzen und anderen Produkten verwendet wird. Für die Bienen ein wichtiges, natürliches Bauprodukt.

Man glaubte lange, dass Bienenwachs käme aus Pflanzenstoffen. Das ist aber falsch, vielmehr handelt es sich um ein Sekret, welches die Honigbienen ausscheiden. Bienenwachs besteht aus verschiedenen Inhaltsstoffen. Säuren, Ester und andere Stoffe.

Größter Verbraucher von Bienenwachs ist die kosmetische und pharmazeutische Industrie und andere Abnehmer.  Dies wusste man zurzeit von Vergil auch schon.

Aus hygienischen Gründen entnimmt der Imker, die älteren Waben und schmilzt diese ein. Dadurch werden Schmutzstoffe entfernt. Aus dem reinen Wachs werden dann neue Wachsmittelwände gegossen. Die Bienen bauen dann neue Waben. Das stellt einen regelrechten Wachskreislauf dar. Dabei muss der Imker darauf achten, dass er keine Brutparasiten, einschleppt. Ob Vergil von dieser Methode wusste, hat er nicht erwähnt.

Bienenwachs galt als heilig, weil er rein und unverderblich von der „göttlichen" Bienen produziert wird.

Bevor Bienen erst zur "Wachsproduktion" fähig sind, müssen sie ihrem Organismus eine Menge Nährstoffe zuführen, damit dieser auf Hochtouren arbeiten kann. Rein rechnerisch, verputzten Bienen zwischen 4 und 10 Kilo Honig, um 1 Kilo Wachs herstellen zu können.

Das Wachs bildet sich in speziellen Wachsdrüsen. Sie hängen sich deshalb traubenförmig zusammen, und schwitzen das Wachs in dünnen Plättchen aus. Bienenwachs wird wegen seiner natürlichen Inhaltsstoffe, vom Menschen sehr geschätzt.

Vergil konnte die Wachsproduktion beobachten, kannte aber die wissenschaftlichen Zusammenhänge nicht.

**Propolis**

Bei der Vorstellung des Vogelleims habe ich Propolis, auch Stopfwachs oder Vor-Wachs genannt, schon erwähnt.

Propolis ist eine von Bienen hergestellte harzartige Masse mit antibiotischer, antiviraler und antimykotischer Wirkung, mit einem aromatischen Geruch.

Die Grundsubstanz, damit dies gelingen kann, sind Harze an Knospen und bei Wunden an verschiedenen Bäumen.

Das Harzgemisch, zudem auch Pollen, Speichelsekret und Harzöle gehören, wird hauptsächlich im Herbst, in den Bienenstock eingetragen und ist in seiner Zusammensetzung vom Harzangebot der Umgebung abhängig.

Das Kitt- Harz, ist wie gesagt, ein starkes, natürlich vorkommendes Antibiotikum und wichtiges Reparatur- Mittel zum Ab-dichten und Verschließen von Ritzen, Spalten und Öffnungen.

"Tunuia spiramenta linere cera), und oras explere": die Fluglöcher verengen, heißt es im Text. Das waren wichtige Hinweise, die für die Bauern und Imker, die ihre Beachtung verdienten.

Da die Bienen im engen Bienenstock, bei etwa 35 Grad Celsius und hoher Luftfeuchtigkeit zusammenleben müssen, herrschten dort leider ideale Bedingungen, für die Ausbreitung von Krankheiten, durch Parasiten.

Mit dem Bienen-Kittharz werden Öffnungen, Ritzen, Spalten verschlossen und vorhandene Bakterien, Pilze und andere Mikroorganismen in ihrer Entwicklung gehemmt oder abgetötet. Propolis wird auch in der Naturheilkunde eingesetzt und hat antibakterielle und entzündungshemmende Wirkungen.

In der Antike wurde es zur Wundheilung eingesetzt und zum Einbalsamieren der Mumien verwendet. Propolis besitzt viele weitere Verwendungsmöglichkeiten , mache Menschen reagieren jedoch auf Propolis allerdings allergisch.

Auf die weiteren Eigenschaften und Anwendungsmöglichkeiten von Propolis gehe ich hier nicht weiter ein, denn ob Vergil bei seinen Beobachtungen der Bienen zwischen Blütenstaub und Propolis unterscheiden konnte, ist fraglich.

**Gelee Royal.**

Nur noch auf den Gelee royale möchte ich hinweisen, denn die Bienennebenprodukte nehmen heute an Bedeutung zu. Natürlich genossen die Bienenprodukte schon immer eine hohe Wertstellung, darauf habe ich schon hingewiesen, aber dennoch hätte Vergil eine solche Entwicklung nicht vorausahnen können.

Es handelt sich um einen speziellen, wirkungsvoller Weisel-Futtersaft und ist nur für die Königin bestimmt. Gelee Royal besteht aus einem Gemisch aus den Sekreten der Futtersaftdrüse oder der Oberkieferdrüse der Arbeiterinnen, und ist reich an Aminosäuren, Mikronährstoffen, Vitaminen und Proteine

Die Arbeitsbienen ziehen damit die Königinnen-Larven auf die dadurch größer als sie wird und auch länger lebt. Ein äußerst fürsorgliches Verhalten. Die Larven der Arbeiterinnen erhalten als Babyfutter, Pollen und Honig.

Der Gelee Royal ist aber auch ein ausgezeichneter Klebstoff, mit den die Arbeiterinnen den königlichen Nachwuchs an der Wabe festkleben, damit er nicht herausfällt. Dieser spezielle Futtersaft für die Königin, sorgt auch dafür, dass der Nachwuchs sicher aufwachsen kann. Es gibt verschiedene Gewinnungsmethoden, hierauf gehe ich nicht weiter ein.

An dieser Stelle war nur wichtig, dass die Arbeiterinnen einen speziellen Bienenköniginnensaft erzeugen, dem nur der Königin gehört. Und erst wird erneut deutlich, was diese Tiere leisten können und welche Fähigkeiten sie besitzen.

Honig, wurde schon im Altertum hochgeschätzt und wurde als Quelle der Gesundheit bezeichnet.

Honig und Milch wurden zu den Götterspeisen Nektar und Ambrosia gezählt und das „gelobte Land" der Juden, war das Land, wo Milch und Honig fließen", das hat durch Ausgrabungen belegen können.

Honig war ein Schönheitsmittel und auch ein Heilmittel.

Es galt als „Ambrosia". Der berühmte Arzt Hippokrates (466 bis 377 v. Chr.), verordnete Honig bei Fieber, Verletzungen, Geschwüren und eiternden Wunden.

Bei den Olympischen Spielen tranken die Athleten Honigwasser, um schnell wieder zu Kräften zu kommen. Was mal wohl als Doping in der Antike bezeichnen könnte.

Honig galt auch als Quelle der Unsterblichkeit. In einigen ägyptischen Königsgräbern wurde Honig als Grabbeigaben gefunden. Allerdings kann der Verzehr von Gelee royal bei verschiedenen Menschen zu allergischen Reaktionen führen.

**Mulsum- Ziege.**

Bei Vers 100-102 erwähnt Vergil so nebenbei, „dass man süßen Honig pressen kann, der nicht nur lieblich schmeckt, sondern auch klar ist und Weinen den herben Geschmack benimmt." Hier ist das bei den Römern beliebte Mulsum- Getränk gemeint. Das Mulsum- Getränk, eine Mischung aus Wein und Honig, war bei den antiken Römern als appetitanregend, verdauungsfördernd, nahrhaft und lebensverlängernd Mixgetränk sehr beliebt. Es wurde zu Mahlzeitengängen gereicht. Dies unterstreicht erneut die hohe Bedeutung, die dem Honig zugeordnet wurde.

Vergil schreibt:" Süßen Honig, der nicht nur lieblich schmeckt, sondern auch klar ist und Weinen den herben Geschmack benimmt." Das Mulsum- Getränk wurde, zum Mahl als Wein- Met getrunken und war appetitanregend und verdauungsfördernd.

Laut Plinius: Naturalis historia 22,113, sagte der über hundertjährige Romilius Pollio auf die Frage, wie er sein hohes Alter erreicht habe: „Innen mit Mulsum, außen mit Öl." Man wusste also schon damals, vom hohen gesundheitlichen Wert des Honigs.

In England trank man im frühen Mittelalter ein Getränk mit dem Namen „Slip". Dafür wurde der Honig mit Wasser verdünnt und vermischt, was man dann sechs Wochen gären ließ. Honig hat in der Menschheitsgeschichte, viele An-wendungen erfahren. Zurzeit von Vergil waren alle Naturereignisse göttlichen Ursprungs. Man hatte sonst keine anderen Erklärungen.

Die Griechen der Antike waren die ersten, die sich theoretisch mit den Wesen der Bienen, der Staatenbildung und der Honiggewinnung intensiv auseinandersetzen.

Nicht nur Vergil befasste sich ausführlich mit der Bienenkunde, sondern auch beispielsweise Aristoteles, der das erste Fachbuch über Bienenzucht schrieb. Er beobachtete beispielsweise die Blütentreue der Bienen: „So eine Biene lande ja nicht beliebig auf jeder beliebigen Blüte, sondern suche sich immer die gleiche Blüte aus. Die eine Biene die blauen Veilchen, die andere den gelben Hahnenfuß, wieder eine andere bleibt nur den Kirschblüten und noch eine andere beschäftigt sich nur mit Löwenzahnblüten."

Bei den Imkern*und innen, sind Pflanzen sehr beliebt, die einen möglichst hohen Nektar- oder Pollenwert haben. Vergil kannte diese Wertigkeit noch nicht, beobachtete aber, dass sich die Bienen zu bestimmten Pflanzen regelrecht hingezogen fühlten.

**Nektarwert**

**Pollenwert**

Nektarwerte/Pollenwerte, diese beiden Begriffe kannte Vergil ebenfalls nicht. Heute jedoch ist das einen wichtige Klassifizierung. Trotzdem ist es doch sehr erstaunlich, dass er sehr viele Trachtpflanzen mit hohem Nektar – und Pollenwerten nennt. Das kann er nur doch intensive Beobachtung der Honigbienenwelt herausgefunden haben. Er merkte durch seine Beobachtungen, welche Blüten die Bienen bevorzugt anflogen und welche sie mieden. Beispielsweise hat der Apfel, (Malus domestica) einen Nektarwert von 4 und einen Pollenwert von 4 und einen Zuckergehalt von 3ß-87%. Deshalb sind Obstplantagen, mit Kern- und Steinobstgehölzen, wichtige Bienenweiden.

Der Nektar -und Pollenwert einer Tracht-Pflanze, ist für den Imker ein wichtiger Indikator. Der Nektarwert mit "N" und der Pollenwert mit "P" angegeben. Die Skala reicht jeweils von 0 bis 4, wobei die Zahl 4 für den höchsten Wert steht (0 = kein, 1 = gering, 2 = mittel, 3 = gut, 4 = sehr gut).

Die gewöhnliche Wegwarte, die auch in der Heimat von Vergil vorkommt und als Zierblume kaum Beachtung findet hat einen Nektar und Pollenwert von drei.

Der Nektarwert von Thymian ist vier, also sehr gut. Deshalb ist es für mich kein Zufall, dass Vergil ausgerechnet von Thymian spricht. Wenn im Sommer die Thymianfelder, durch die Honigbienen abgeerntet waren, und keine chemischen Einflüsse, nachteilig auf die Honigbienen wirkten, konnten sich die Imker über einen guten Nektar-Ertrag freuen.

Deshalb werden sie bestrebt sein, ihren nützlichen Tieren, ausreichend Trachtpflanzen zur Verfügung zu stellen. Vergil beobachtete, dass die Honigbienen, den Thymian intensiv anflogen, und er trug den Bauern auf, bienen-freundliche Trachtpflanzen, wir heute sagen, zu pflanzen. Dabei sind die Nektarien, oder

Nektarium, die Honig- oder Saftdrüsen, sind zuckersüßem Nektar gefüllt und warten darauf, geleert zu werden. Pflanzen mit einem ergiebigen, starken Nektargewebe, soll "Er" pflanzen. Vergil wusste noch nichts von Nektar- und Pollenwerten.

Er beobachtete, dass die Bienen bestimmte Pflanzen bevorzugten. Das werden Pflanzen mit einem hohen Nektar- oder Pollenwert gewesen sein. Daraus entwickelt sich eine gewisse „Blütenliebe".

Wer also, artenreiche Bienenweiden anlegt, tut dreierlei, einmal dient eine solche Aktion den Umweltschutz allgemein, darüber hinaus den Arten- und Klimaschutz.

Es geht schließlich darum, das Trachtpflanzenangebot insgesamt zu erhöhen, denn die Sammelleistung der Bienen nimmt ab.

**Blütentreue**

**Bienentänze.**

Eine weitere wichtige Eigenschaft der Honigbienen ist die Blütentreue. Diese Eigenschaft, liegt mit Sicherheit am Nektarium, der prallgefüllten Honigdrüsen, bestimmter, zuckerhaltiger Blumen- und Pflanzen in der Natur. Diese Blütentreue, die Liebe zu bestimmten Pflanzen, war eine wichtige Beobachtung, die später wissenschaftlich untermauert wurde.

Aristoteles beobachtete, dass sich eine Biene im Kreis drehte, hin und her wackelte und dabei von den anderen Bienen beobachtet wurde. Die anderen Bienen tasteten mit ihren Fühlern nach ihr und wichen nur ein kleines Stück zurück, wenn sich die „tanzende Biene" um sich selbst drehte.

Was hat das zu bedeuten, welcher Sinn liegt darin, fragte sich der Philosoph und fand keine Antwort.

Erst 2500 Jahre später wird durch Karl von Frisch, das Geheimnis der Bienentänze gelüftet. Die Tänze sind Informationen in Form einer ausgeklügelten

Tanzsprache, an die Artgenossen, wo Nahrung zu finden ist. Diese Erkenntnisse, können von Biene zu Biene weitergegeben werden.

Dabei gibt es zwei Tanzformen, den Rundtanz und den Schwänzeltanz. Ich möchte das Thema der Bienentänze hier nicht weiter vertiefen, es sollte nur ein Hinweis sein, welche interessanten Beobachtungen, die Menschen in der Antike schon machten. Auch das Aufsuchen, der gleichen Blüte, wurde später als Blütentreue der Bienen wissenschaftlich belegt, dabei setzt die Biene ihre Sinnesorgane ein. Sie kehrt immer wieder zu der Blütenart zurück, wo sie bereits Futter gefunden hat. Das ist rationeller, als wenn sie eine andere Blüte anfliegen würde, die kein oder nur wenig Futter enthält. Dieses Verhalten ist sehr ökonomisch. Die Honigbienen verfügen somit über, einen guten Orientierungssinn, sie merken sich markante Wegemarken und finden zum Stock zurück, sie haben ein gutes Gedächtnis und erinnern sich, wo Belohnungen warten, verfügen über eine erstaunliche Lernfähigkeit und über eine bemerkenswerte tierische Intelligenz. Dazu gehört, ein gutes Orientierungsvermögen, die Eigenschaft der Lernfähigkeit und ein gutes Gedächtnis. Das ist doch sehr erstaunlich.

Davon hat Vergil nichts berichtet. Das konnte er nicht ahnen.

Durch die positive Erfahrung gelenkt, eine nektarreiche Futterstelle gefunden zu haben, ist ihr Appetitreiz, nur auf diese Tracht gerichtet. Dabei verwertet sie die lockenden Merkmale, die sie beim Anflug, also vor der Belohnung wahrgenommen hat. Vergil hat dieses Verhalten der Bienen beobachtet, konnte die Zusammenhänge aber noch nicht erklären. Es fällt uns Menschen schwer, zu glauben, dass Honigbienen nach einem bestimmten Plan vorgehen, der nicht einmal den Menschen gelingen würde. Der Mensch wäre nicht in der Lage, immer zur gleichen Blüte, in einem Blumenfeld zu finde und zurückzukehren.

Auf den Hörsinn, der Bienen bin ich oben schon eingegangen. Da Bienen, anders als wir Menschen hören können, folgten sie dem wohlklingenden, aber auch dem lauten Lärm der Cureten, den Priestern der Göttermutter Cybele mit ihren schallenden Erzbecken, bis zur Grotte, um das Gewimmer des neugeborenen Zeus zu übertönen. Die Bienen folgten dem Lärm, bis hin zur Grotte, meint Vergil.

Wir haben oben gehört, dass sie über die Antennenhärchen mit Hilfe des „Johnstonsches Organs" hören können, jedoch anders als die Menschen. Inwieweit das Trommelgeräusch der Cureten, die richtige Hörfrequenz für die Bienen hatte, kann wohl niemand beurteilen.

Bei Voß : "Trommelgeroll der Kureten und klapperndem Erze."

Ihre wilden Kriegsgesänge und ihr Waffenklirren, waren so laut, dass sie das Geschrei des Säuglings übertönen. Kronos, wird dadurch in die Irre geführt und kann dem Götterknaben kein Leid antun. Die Vibrations-Geräusche, den Schall und Druckempfindungen werden die Bienen wohl wahrgenommen haben, wie es heute belegt werden kann.

Die Honigbiene kann nicht hören im menschlichen Sinne, nimmt aber den Schall auf und kann bestimmte Vibrationen wahrnehmen. Diese Vibrationen entsprechen denen der Tanzsprache, die von den Tänzerinnen ausgesandt und von den Arbeiterinnen verstanden werden.

Neue Studien belegen, dass die Schirrgeräusche der Honigbienen auf Blütenblätter stimulierend wirken. Und es scheint erwiesen, dass die Schirrgeräusche bestimmte Blumen, zur Produktion von süßem Nektar anregen.

Israelische Wissenschaftler haben festgestellt, dass sich die Zuckerkonzentration innerhalb von drei Minuten, durch die Flügelschläge um 20 % erhöht hatte. Die Flügelschläge erzeugen Schallwellen, die sich schnell durch die Luft ausbreiten.

"Wir zeigen, dass die Geräusche der Bestäuber und künstliche Geräusche mit den gleichen Frequenzen eine Vibration der Blütenblätter und eine schnelle Reaktion auslösen", heißt es in der Studie. Dies deute "auf einen plausiblen Mechanismus hin, bei dem die Blüten als Hörsinnesorgan der Pflanze dienen". (Quelle Spiegel online 16.01.2019)

Hat Vergil diesen Zusammenhang schon erkannt. Jetzt erst hat die moderne Wissenschaft, sehr Erstaunliches herausgefunden. (Siehe unten).

Wenn nun die Geräusche, der wohlklingende Lärm, die Vibrationsgeräusche der Cureten, die gleiche Frequenz, wie die Vibration der Honigbienen gehabt hätten, dann würde sich doch ein, neuer sensationeller Sinn, dieser Geschichte um Zeus ergeben, wenn die Honigbienen den Cureten nur dann in die Grotte gefolgt sind, in der Hoffnung, hier eine reiche Nektar-Futterstelle zu finden. Das wäre wirklich, eine neue sensationelle Deutung, um die Geschichte in der Dictäischen Grotte.

Auf jeden Fall, scheint hier ein Kern Wahrheit zu liegen.

**Kürette, Kurets.**

Die Cureten sind in der griechischen Mythologie, eine neunköpfige, schlagkräftige, bewaffnete Gruppe. Sie schützen den neugeborenen Gott Zeus, vor dessen Vater Kronos, der seinen eigenen Sohn töten will. Durch die Geräusche ihrer

Waffentänze und durch das Aneinanderschlagen ihrer metallenen Schilde, wurde das Geschrei des Knaben wirksam übertönt. Kronos konnte den Götterknaben nicht hören.

Kann ein Lärm wohlklingend sein und so laut, dass sogar das jämmerliche Schreien von Zeus in der Grotte (Grotte von Psychro, auch Zeus-Grotte)) übertönt wurden. Wenn die Honigbienen dem Lärm der tanzenden und lärmenden Kureten gefolgt sind, dann könnte doch heute der Imker das Lied von der Biene Maja spielen, um ein Bienenvolk sesshaft zu machen. Dass die Bienen über ein Art Gehör verfügen, habe ich schon erklärt.

Wenn die Honigbienen, wie oben erläutert, tatsächlich den Cureten in die Grotte gefolgt sind, weil ihre Geräusche, mit dem schallenden Erzbecken, die gleiche Frequenz, wie der Schall der Schirrgeräusche der Honigbienen hatten, dann ist auch sehr wahrscheinlich, dass sie auch das Kind Zeus genährt haben. Dies wird jetzt durch die oben erwähnte

Studie der

israelischen

Wissenschaftl

er,

untermauert.

Drei Kureten,

tanzen um

das ZeusKind.

Terracotta-

Relief.

Zeus selbst, fügte den
Wesen der Bienen, aus
Dankbarkeit den Fleiß
und die Staatlichkeit
hinzu. Diese Tugenden
der Bienen, haben sich
nicht durch die Evolution
entwickelt nein Zeus sie
ihnen verliehen.

Nun lenkt Vergil sein
Interesse auf die

**Arbeitsteilungen der Bienen.**

Das ist doch sehr erstaunlich,
wenn

Vergil bei Textstelle 165
ausführt:" Manchen fiel
das Amt des Wächters am
Tor zu. Dass er ohne
technische Hilfe, nur
durch Beobachtung eine
Arbeitsteilung bei den
Bienen erkennen konnte,
finde ich unglaublich. Das
der Wächter die
Sammelbienen, die zum
Stock zurückkehren, am
Geruch erkennt und hier
Pheromone eine wichtige
Rolle spielen, konnte
Vergil noch nicht ahnen.

Man muss sich fragen, wer
weist den Bienen eine
bestimmte Aufgabe zu.
Wer sagt der Arbeiterin, dass
sie eine
Arbeiterin und sie
unfruchtbar ist. Die
Unfruchtbarkeit wird
durch die Nahrung an die
Larven ausgelöst,
wogegen die Königin mit
Gelee Royal, einem
besonderen Futtersaft, ein
Leben lang gefüttert wird.
Nur die Königin ist
fruchtbar.

Der Geruch, der
Stallgeruch, wie man
heute sagt, ist ein ganz
entscheidender und
wichtiger Indikator, für
weitere Aktionen.

Keinen fremden Bienen
gelingt es im
Stock Honig zu stehlen, die
Wächter riechen sie. Die
Arbeitsteilung, ergibt sich
aus den erworbenen Genen.

Vergil führt aus, welche
Bienen, welches
Arbeitsgebiet bekleiden.
Wobei sich die
Arbeitsteilung und die zu
erledigenden Aufgaben,
nach dem Alter richten.
Es handelt sich hierbei
um ein feststrukturiertes,
soziales Hilf- System.

Ein Teil der Bienen sorgt
für die Nahrung, andere
bauen filigrane Waben
und halten das Haus
sauber. Manche sind
Wächter. Andere
verjagen Drohnen. Die
Jungen kehren abends
schwer beladen mit
Pollen und Nektar zurück.

Wir wissen nicht, welche
Pollen die Biene unten
auf dem Bild so schwer
trägt, denn es kommt auf
die Jahreszeit an, welche
Pollen die Bienen in den
Stock einbringen. Gelbe
Pollen gibt es im Frühjahr
bei den Haselnüssen und
den Weiden. Im Mai bei
Fichte, Kiefer und Raps.

Im Juni ist es die
Gartenkresse, Hederich,
(Acker-Rerrich) Senf,

Sommerraps und
Sonnenblume. Im Herbst
Sonnenbraut Goldrute
und Efeu.

Wenn sie blaue Pollen
tragen würde, hat sie
wohl die Weidenröschen
besucht. Wenn sie
schwarze Pollen trägt, hat
sie sich am Mohn gelabt.
Der Imker kann an der
Farbe der Pollen
erkennen, welche Pflanze
die Honigbiene besucht
hat.

Ist das nicht fantastisch.
Eine Arbeitsbiene mit
Pollen schwer beladen
besucht ein
Weidenkätzchen. Immer
nur bestrebt, Nektar und
Pollen zu sammeln.
(Bildquelle Adobe Stock
2928448).

**Penate**

Johann Heinrich Voß
führt in Vers 156 die
Penaten an, „denn sie
denken an den künftigen
Winter, mühen sich im
Sommer und legen das
Gewonnene als
Gemeingut zurück.“

Eine reine
Vorsorgemaßnahme. Bei
Vergil steht das Gleiche.
Diese Textstelle weist auf
die Penaten hin, die nach
römischer Religion
Schutzgötter der Vorräte
sind. Die Penaten sollen
die Vorräte behüten. Sie
waren private
Schutzgötter der
Haushalte, ihr Name leitet
sich von Vorratskammer
ab.

Weiter beschreibt Vergil
nun einige Eigenschaften
und die Arbeitsteilungen
der Bienen: "Ein Teil
nämlich von ihnen sorgt
für die Nahrung und
tummelt sich nach festem
Gesetz auf der Flur, andere
legen innerhalb der
Gehege im Haus
Narccissustränen und
zähes Rindenharz, als
erster Grund für Waben
und dann kleben sie sie

das zähe Wachs an……“.
(158-160).

Weiter im Text spricht
Vergil von
„Narcissustränen“ andere
legen im Haus
„Narcissustränen und
zähes Rindenharz als
ersten Grund für die
Waben und dann kleben
sie das zähe Wachs an.
………"Bei Voß heißt es
Nazismus-Saft und zäher
Leim. Was will Vergil
damit sagen.

**Narzissen-Züge**

Mit dem Begriff
**„Narcissustränen“**, ist der
Blütenstaub also Pollen
gemeint, und zwar die
Tränen des Narcissus
(Narziss) als er nach
seiner Verwandlung in
eine Narzisse geweint
haben soll, weil er die
Liebe zur Nymphe
Echo verschmäht und
dadurch die Götter
erzürnte. Wenn eine
Narzisse also weint,
entstehen Narcissus-
Tränen.

Narziss selbst war der
schöne Sohn des
Flussgottes Kephissos und
der Leiriope. Eine andere
Geschichte, besagt, dass

die Dryaden nach seinem Tod, keine Leiche, sondern nur eine Narzisse vorfanden, so wie es Ovid in seinen Metamorphosen schreibt. (Ovid, Metamorphosen 3, 402-520).

Eigentlich leitet sich „Narzisse" vom griechischen Wort „narkein" wie „bestäuben ab.*Narziss*

(Wandmalerei, Pompeji, um 70 n. Chr.). (www.wikipedia.com)

**Narzissen**

In diesem Zusammenhang ein kurzer Blick auf die Narzissen (Narcissus). Bei uns auch als Osterglocke bekannt steht sie den Bienen, schon im Frühling als Nahrungsquelle zur Verfügung. Ursprünglich auf der iberischen Halbinsel vorkommend, hat sie den Weg nach Italien gefunden. Die Römer übernahmen diesen griechischen Pflanzennamen, als narcissus. Narzissen versprühen einen intensiven Geruch. Unteranderem ist im Mittelmeerraum die „Dichternarzisse" weit verbreitet. Die intensiven Duftstoffe locken so manche Bestäuber an. Narzissen wurden schon im Altertum gern als Blumenschmuck verwendet. Der Nektarwert der Narzissen ist indes gering. Vergil geht es bei den „Narzisscustränen", um die Pollen der Pflanze.

Die Narzisse, wird ferner in er Homerischen Erzählung der „Raub der Persephone" erwähnt. Die Honigbienen bringen also Pollen, gemäß der jeweiligen Jahreszeit in den Bienenstock ein. Vergil erwähnt nun, wie

die Bienen ihre Waben
fachgerecht bauen.
Manche denen die Zellen
mit flüssigem Nektar,
andere führen die Brut
aus.

**Bienen-Kitt- Harz auch
Bienenleim oder
Bienenleim.**

„Zähes Rindenharz als
erster Grund für die
Waben", was soll das
sein, „und kleben das
zähe Wachs an., heißt es
weiter (161). Auch bei
Voß geht es um
" Gründungen"

Was Vergil hier
beobachtet hat, versteht
man heute unter
Propolis, als Kitt Harz
auch als Bienen-Kitt Harz
bekannt (siehe oben).

Der Grundstoff wird von
Honigbienen als harzige,
Substanz an
verschiedenen Knospen
und von beschädigter
Baumrinde gesammelt.
Und dient auch zur
Abwehr von
Krankheitserregern.

Bienen-Kitt-Harz am
linken Bein einer
Biene (www. Wikipedia.
gemeinfrei)

Der Kitt enthält
verschiedener
Inhaltsstoffe, u.a.
Aminosäuren. Das
Rindenharz wird
überwiegend im Herbst
von den Bienen
eingebracht und zu
Propolis verarbeitet. Für
die Honigbienen ist es ein
ideales Baumaterial, für
Menschen ein natürliches
Heilmittel.

Vergil kannte die
analytische
Zusammensetzung des
Kittes jedoch noch nicht.
Heute wird es wegen seiner
heilenden Wirkung
vermarktet.

„Die Älteren sind dem Bau
der Waben beschäftigt, die
Jungen kehren am
Abend müde heim, die
Schenkel voll
Thymian. Und ernten den
Casiazimt
(auch Gewürzrinde), den
rötlichen Safran, dazu die

nektarreiche Linde und die Hyazinthen."

„Die jungen Bienen kehrten am Abend müde heim und weideten vorher die Erdbeerbäume, den bläulichen Weiden, den Casiazimt, den rötlichen Safran, die nektarreichen Linden und die tiefblauen Hyazinthen ab. Und wir erfahren, dass die Tracht von den Ankommenden übergeben wird. Vergil spricht hier einige Dinge an, die wir uns jetzt mal anschauen.

**Cassia:**

Bei „casiamque" lautet die Übersetzung: Casiazimt. (eigentlich Casssiazimt) Das kann aber nicht sein. Die Zimtkassie, kann Vergil nicht gemeint haben. Sie kommt in seiner Heimat nicht vor. Es muss sich also um eine zimtähnliche Pflanze, (vielleicht „wilder Zimt) handeln haben, die die Honigbienen besuchen. Es muss ich wohl im übertragenen Sinne, um eine Pflanze mit einem zimtartigen Geruch gehandelt haben.

Unter „casiamque" besteht man 1. wilden Zimt, 2. Seidelbast und 3. Zeiland.

Es gibt einige Arten die als „Zimt" bezeichnet werden, beispielsweise die Zimt-Rose (Rosa majalis). Sie blüht sehr früh, was auch auf diese Pflanze hindeuten könnte. Sie wird von Insekten bestäubt. Sie bietet allerdings keinen Nektar aber sehr viele Pollen an.

Vergil hat wohl allgemein eine andere Kassienarten gemeint. Kassien (Cassia) sind pantropisch und kommen im Mittelmeerraum nicht vor. Cassia ist eine Art Zimt, dessen Rinde mit Öl gemischt eine wohlriechende Salbe lieferte.

Vielleicht ist auch die Cassia- Fistula= Röhren- Kassie gemeint. Das ursprüngliche Verbreitungsgebiet ist allerdings der indische Subkontinent und scheidet so mit ebenfalls aus.  Die Röhren- Kassie wurde früher auch Manna genannt. (Siehe unten). Auch die ZimtKassie kommt im Mittelmeerraum nicht vor. Es wird nicht klar, was Vergil hier meinte.

Bei denen von Vergil bei Vers 181 erwähnten **Erdbeerbäumen (Arbutus),** sind nicht die bei uns bekannten Erdbeeren gemeint, sondern die **Meerkirsche** oder **Sandbeere.** Es handelt sich um einen "Spät Blüher".  Eine Pflanzengattung aus der Familie der Heidekrautgewächse. Vergil erwähnt auch die Weiden und natürlich auch von den Linden. Voß erwähnt ebenfalls die Erdbeerbäume.

Die Früchte des westlichen Erdbeerbaums, sehen doch tatsächlich wie Erdbeeren aus. Man kann man roh verzehren oder daraus Marmelade herstellen. Und auch die Honigbienen, werden sich an den Blüten erfreut haben. In Sardinien ist ein Blütenhonig als "Amaro di Conbezzolo" bekannt.

Der Artname „Arbutus unedo" soll vom Ausspruch „unum tandumedo" vom römischen Gelehrten Plinius des Älteren abgeleitet sein, was so viel heißt, wie „ich esse nur eins". Das deutet daraufhin, dass der Geschmack dieser Frucht nicht jedermanns Sache ist. Den Honigbienen ist das egal, denn der Nektar der Pflanze ist mit zwei, als gut eingestuft.

Und es ist wieder mal erstaunlich, was Vergil über diese Tracht- Pflanzen bereits wusste.

Bild oben Ah, lecker. Da muss man einfach zu beißen.  Erdbeerbäume (Arbutus). (Bildquelle Adobe Stock 304406163).

„Sie weiden auch die bläulichen Weiden und Linden ab.", erwähnt Vergil im weiteren Text.

Die Früh-Blüher, wie Narzissen, Krokusse stehen den Bienen als erste Nahrungsquelle, die Spät Blüher, als Nahrungsreserve für den langen Winter zur Verfügung. Sie spenden den ersten und letzten Nektar.

**Wiesen (Salix).**

Weiden gelten allgemein, aufgrund ihrer frühen Blütezeit, als Bienenweiden, zum Beispiel die Reif- Weide, deren Blätter bläulich sind. Weltweit gibt es, rein äußerlich kaum zu unterscheidende zirka 450 Arten. Ihre Blüten-Kätzchen blühen sehr früh und stehen den Honigbienen, nach dem langen Winter quasi als erste Nektarquelle zur Verfügung.

Der griechische Arzt Pedanios Dioskurides, der als Pionier der Pharma-kologie gilt und der römische Gelehrte Plinius der Ältere, stellten fast übereinstimmende Heil-mittelindikationen für die Weiden auf. Die Weiden waren also nicht, willkommene Bienenweiden, sondern hatten auch medizinische Bedeutung.

Die Pflanzen, die Vergil erwähnt, sind meistens nicht nur wichtige Tracht, sondern häufig auch Heilpflanzen und haben mehrfachen Nutzen, so auch die Reif- Weide.

Die Weiden gehören zu den wertvollsten Bienen-Futterstoffen überhaupt. Weiden sollen grundsätzlich als wichtige Trachtpflanze den Honigbienen, im ausreichenden Umfang zur Verfügung stehen. Die Menschen können den Bienen, schon dadurch sehr helfen, dass sie nektarreiche Trachtpflanzen anbauen.

Aus den Ruten der Korb- Weiden, wurden nicht nur Körbe, sondern auch Bienenkörbe gebaut. Die wertvollen Honigbienen brauchten auch schon damals eine winter- und wetterfeste Behausung. Vergil schreibt dazu:" Die Körbe selbst aber, die du aus hohler Rinde fügen oder aus Weide flechten vermagst, sollen enge Fluglöcher haben."

Auf die engen Fluglöcher komme ich beim Kitt Harz noch zu sprechen. Die Fluglöcher sollen deswegen eng sein, damit Feinde, Parasiten und Schmarotzer nicht so leicht an die Waben kommen und es im Inneren warm bleibt. Natürlich wurden Bienenstöcke auch aus Ton oder Stroh angefertigt. Wichtig war allein, dass die Honigbienen eine gute Behausung hatten, sie vor Feinden geschützt waren und ihr Heim dem Wetter trotzte. Bei Ausgrabungen in der antiken Stadt Tel Rehov in Israel kamen 3000 Jahre alte Bienenstöcke ans Tageslicht.

Junge Blütenkätzchen einer Sal- Weide (Salix- caprea) Bildquelle Adobe Stock 316340374).

**Bienenkörbe (alvus).**

Nachdem die Wildbienen domestiziert, und nicht mehr in Baumhöhlen hausten, mussten die Menschen ihre eine dauerhafte Behausung zur Verfügung stellen. Aus Binsen, Stroh oder Weiden geflochtene Körbe, sollten die Hausbienen fortan hausen. Auch Tonröhren wurden verwandt.

Heute werden jedoch meistens Kästen aus Fichtenholz verwendet. Wobei zu beachten ist, dass die Fluglöcher eng sind, so wie es Vergil beschrieben hat. Ferner müssen die Körbe im Winter die Bienen vor Kälte und Nässe und im Sommer vor Hitze schützen, darauf hat Vergil bei Text 35-36 hingewiesen.

Wie bereits erwähnt, können die modernen

Bienenkörbe, heute
einfach zur nächsten
Tracht transportiert
werden.

Ein „Fasser" hingegen ist
ein kleiner Bienenkorb,
welcher einen
Bienenschwarm vorläufig
fasst. Unten. Bienen auf
dem Weg zum
Bienenkorb. Auf dem Bild
kann man gut die
Fluglöcher erkennen,
sonst ist alles gut
verschlossen. (Bildquelle
Adobe Stock 239182729).

Vergil spricht dann vom
rötlichen Safran. Safran
gehört zu den
Krokusgewächsen.

**Safran**

Von Zeus wird in einer
Sage der griechischen
Mythologie berichtet, er
habe auf einem Bett aus
Safran geschlafen. Safran
sei unter seinem Bett
gewachsen. Vielleicht, war
selbst den Göttern, der
Safran für solche Zwecke
zu teuer und handelte es
sich hier, um den falschen
oder wilden Safran, die
Färber Distel (Carthamus
tinctorius) auch Saflor
genannt, die im
Mittelmeerraum

vorkommt. Färberdistel
deswegen, weil die Pflanze
im alten Ägypten, zur
Färbung der
Mumienleinwände
verwendet wurde.

Auch die Römer
verwandten die Pflanze
schon zum Färben, sodass
wir wohl davon ausgehen
können, dass Vergil diese
Pflanze, oder eine andere
Krokusart meinte. Krokusse
haben einen Pollenwert
von vier und einen
Nektarwert von zwei. Sie
sind gute Nektarpflanzen.

Darüber hinaus kommen
in der Heimat Vergil
vierzehn verschiedene
Arten vor und es handelt
sich auf jeden Fall um eine
Tracht pflanze, die von
Honigbienen bevorzugt
werden.

Weil echter Safran sehr
teuer, ist wir die
Färberdistel, auch als
Ersatzwürzmittel
eingesetzt. Das Öl wird

für Salben und Lampenöl verwendet.

Bei Voß heißt es an dieser Stelle "feuriger Krokus. Es wird sich wohl tatsächlich, um eine Krokusart gehandelt haben. Vielleicht um den "Crocus cartwrigthianus). Diese Pflanzenart gilt als Ursprung des Safran-Krokus. Wir könnten uns weiter auf die Suche begeben und zum Ergebnis kommen, dass einer dieser Krokusarten gemeint sein muss. Jetzt kommen wir zu Linde (Tilia). Vergil spricht an dieser von der „nektarreichen Linde und Voß von "balsamischer Lind". (Text 183)

Futterreich, wird somit balsamisch gleichgestellt. Beide Feststellungen beziehen sich auf die Bienen. "Balsamisch auf den Geruch der Blüten und futterreich bezüglich der Blüten und Nektarausbeute.

**Linde.**

In Mitteleuropa kennen wir die Sommer- und Winterlinde und die Silberlinde. Alle Linden werden gleichermaßen von den Imkern, als Bienenweide sehr geschätzt, weil die Bienen, durch das üppige Trachtangebot, erhebliche Mengen von Lindenblütenhonig produzieren können.

Eine Zeile weiter (Textstelle 184), ist von der dunkele Blum Hyacinthus die Rede.

Natürlich wird auch die Hyazinthe nicht verschmäht, schreibt Vergil weiter. Alles, was Nektar aufweist, ist für die Bienen von Nutzen. Und je nach Jahreszeit wechselt das Angebot an Trachtpflanzen.

Die Blüten der Sommerlinde haben Nektar mit einem Zuckeranteil bis zu 94% und seines hohen Zuckerwerts (bis zu 7,7 mg Zucker/Tag je Blüte. Bei der Winterlinde sind es immerhin noch bis zu 3,57 mg Zucker/Tag je Blüte.

Auch die Silber-Linde, ist wie alle Linden aufgrund des sehr hohen Zuckergehalts ihres Nektars

bis zu 77 % und seines hohen Zuckerwerts bis zu 5 mg
Zucker/Tag je Blüte eine geschätzte Tracht bei den Imkern.

**Hyazinthe**

Vergil erwähnt an dieser Stelle auch bewusst die tiefblaue Hyazinthe und schlägt damit einen Bogen, zu dem Namensgeber. Der Name entstammt, der griechischen Mythologie demnach wurde der schöne Jüngling Hyakinthos, versehentlich vom Gott Apollon durch einen Diskus getötet. Aus Trauer darüber verwandelte Apollo die Blutstropfen in Blumen. Die
Bienen lieben diese Frühblüher. Der
Nektarwert legt bei zwei.
Ursprünglich war die Hyazinthe blau. Die anderen Farben wurden als Varietäten gezogen.

Voß erwähnt den Gattungsnamen Hyazinthus, also die Hyazinthen allgemein. Es wird sich wohl, wie auch bei Vergil um die

Gartenhyazithe (Hyacinthus orentalis L.) gehandelt haben, die im Mittelmeerraum verbreitet ist.

Vergil lässt uns auch wissen, dass Bienen gemeinsam ruhen, dann aber alle sogleich zur Arbeit eilen. Es gibt keine Rast keine Ruhe, bis sie abends endlich von Feld und Weide scheiden und sie in der stillen Nacht, ihren verdienten Schlummer finden.

Unsere Gartenhyazinthe, hat je nach Art einen Nektarwert von etwa 2-3.

„Wimmelt, sind sie am Werk", heißt es weiter „und der Honig duftet vom
Hauch des Thymians."

Vergil vergleicht sodann die Kraft und die Ausdauer der Honigbienen hier mit den Cyclopen. **Cyclopen, Kyklopen, Zyklopen** (kreisäugig) als ihr angeborener Trieb.

Cycplopen sind Gestalten in der griechischen Mythologie, einäugige Riesen, die mit

Riesenkraft unermüdlich Eisen bearbeiten und die Hämmer schwingen. Vergil spricht den Honigbienen, riesige Kräfte und Ausdauer zu.

Bei Vers 177 ist von Cecropischen Bienen die Rede: „Nichts anderes treibt die Cecropischen Bienen an, jede nach ihrer Pflicht". Immer weiter unermüdlich mit viel Kraft nach Besitz das ist die Pflicht der attischen Bienen. Wieder ein Lobgesang auf die Honigbienen.

**Cecropic Bienen:**

**Kekrops I., Cecrops** (der Geschwänzte).

Gestalt in der griechischen Mythologie. Er gilt als zweite mythische König von Attika und Begründer der Dynastie der Kekrodiden. Der attische Honig, war berühmt. Auf dem Berg Hymettos wurde ein vorzüglicher Honig erzeugt. Man ließ, aus den aufgeschnittenen Waben, den feinen Honig laufen. Der Rest wurde gepresst. Er wurde roh gegessen und fand in der Küche vielfältigen Einsatz und diente auch als Konservierungsmittel.

Diesen vorzüglichen Honig produzierten die „Hymettos Bienen". Hymettos ist ein Bergrücken auf der Halbinsel Attika in Griechenland. Der britische Dichter Lord Byron erwähnt in Childe Harolds Pilgrimage, auch diese berühmten Bienen.

Er dichtete: Noch ist der Himmel blau, die Felsen wild.

Schön sind die Täler und so grün die Auen.

Und Honig in des Hymettos Gauen.

Noch sieht man Bienen duftge Zellen bauen

Die freigebornen Wandrer dieser Höhn;

Noch lange lässt Apoll den Sommer bluen,

Pendelis Marmor

glänzend zu erhöhn.

Kunst, Ruhm und Freiheit

schwand,

doch die Natur blieb schön. (ins deutsche von Adolf Böttger)

„Der angeborene Trieb, treibt die Bienen nach Besitz, Besitz an Nektar. So soll es immer sein", sagt Vergil. Voß spricht von Gewinnsucht.

Das sind menschliche Attribute die eigentlich nicht auf Tiere passen. Damit ist eigentlich nur, ihr unermüdlicher Fleiß und der Sammelsinn gemeint.

## Arbeitsteilungen der Bienen

Vergil verfügte zu Lebzeiten schon über erstaunliche Erkenntnisse über die Arbeitsteilungen der westlichen Honig-Bienen, die in regelrechten, Berufsgruppen im Bienenstock leben.

Allerdings konnte er bei seinen Beobachtungen nicht ahnen, dass es im Bienenstaat sog. „**Heizer-Bienen**" gibt, die während der zehntägigen Puppenphase dafür sorgen, dass die Temperatur im Stock konstant 35 Grad Celsius beträgt. Die Heizer Bienen schlagen unentwegt mit ihren Flügeln und erzeugen damit die nötige Wärme. Das geschieht durch schnelles An- und Entspannen der Brustmuskulatur.

Ob sie für ihre Tätigkeit, den gesetzliche Mindestlohn erhalten ist unbekannt. Nach 30 Minuten allerdings sind die Heizer Bienen völlig erschöpft und brauchen dringend Honig. Der Weg zu den honiggefüllten Waben, im Stock ist für sie dann allerdings zu weit.

Deshalb kommen "**Tankwart-Bienen**" ins Spiel. Sie verteilen von Mund zu Mund Honig an die Heizer Bienen. So wie heute viele alte Menschen, in den Altersheimen auf die Hilfe anderer angewiesen sind.

Die **Kühler-Bienen,** dagegen können durch das Sammeln und Verdampfen von Wasser, den Heizer Bienen entgegensteuern, wenn die Temperatur zu hoch wird.

Die Forschung hat nun auch herausgefunden, dass es auch **„InnendienstBienen"** oder **„Wächter-Bienen"** gibt. Wächterbienen bewachen aufmerksam den Eingang zum Stock als Türhüter und legen Futtervorräte für den Winter an und pflegen die Brut. Sie erkennen am Stockgeruch, wer Zutritt zum Stock hat, anderenfalls vertreiben sie die Fremdlinge.

"Manchen fiel das Los des Wächteramtes am Tor zu " und verjagen das träge Pack der Drohnen, von den Krippen", schreibt Vergil in seinem Lehrgedicht.

Und die jungen Arbeitsbienen, sind als **„Putz-Bienen",** für die Reinigung der Waben verantwortlich. Sie entwickeln nach dem Schlüpfen, ein ausgeprägtes Putzverhalten. Sie halten sich überwiegend im Bereich des Brutnestes auf.

Die **„Ammen Bienen"** versorgen die Brut mit Nahrung. Sie produzieren mit ihren Futtersaftdrüsen ein Sekret, mit denen sie die Larven füttern.

Die **„Bau-Bienen"** arbeiten als Team, an den Waben und bilden dabei regelrechte Arbeitsketten.

**Honigtransport-Bienen, Flug-Bienen** sind Sammelbienen die für das Eintragen von Nektar, Honigtau und Pollen verantwortlich sind.

**Spur-Bienen** fliegen aus und erkunden die unmittelbare Umgebung des Stockes und sie führen ihren Schwänzeltanz beharrlich aus, wenn sie von einer bestimmten Stelle überzeugt sind. Bei den Honigbienen ist der Informationsaustausch, besonders hoch entwickelt.

Die Entscheidung, welche Futterstelle angeflogen wird, ist da Ergebnis der aufgenommenen, gewonnenen Informationen der Spurbienen, über die Eignung der Futterstelle. Sofern die Spurbienen eine noch ergiebigere Futterstelle gefunden hat lassen sich die Arbeitsbienen umstimmen und fliegen dort hin.

Die Einteilung der Bienen in Aufgabenbereiche hat Vergil so direkt nicht vorgenommen. Wenn wir heute aber diese Aufgabenbereiche kennen, wird erneut deutlich, welche intelligente Auffassungsgabe Vergil besaß.

Natürlich wird er bei seinen Beobachtungen, auch mal Wildbienen beobachtet haben, die ebenso fleißig wie die Hausbienen, Nektar und Pollen sammeln.

Er erwähnt sie ausdrücklich nicht, vielleicht konnte er sie nicht unterscheiden. Von dieser großen und interessanten Bienengruppe möchte ich deshalb nur einige kurz erwähnen, weil Vergil vielleicht auch Wildbienen beobachtet hat.

Natürlich können wir auch bis heute nicht wissen, ob die emsigen Tiere, in einer Bienen-Gewerkschaft organisier waren und mindestens den Mindestlohn bekamen.

**Spähbienen**

Wenn die Altkönigin mit einem Teil des Volkes ausschwärmt und an einen Baum Rast macht, suchen die Spähbienen einen neuen geeigneten Platz, wo sich das Volk auf Dauer niederlassen kann.

Es drängt sich auch die Frage auf, haben sich auch die Bienen in ihrer Art, wie Umweltfaktoren seit der Zeit Vergils verändert. Vor etwa 2000 Jahren, waren die Umwelt doch eine andere als heute. Die Bienen haben sich angepasst. Und nur miteinander in der Gemeinschaft können sie die vielfältigen Aufgaben und Arbeitsvorgänge erledigen.

**Wildbienen** (Auswahl)

Die Keulhorn-Bienen (Ceratina), beispielsweise sind sehr kleine Geschöpfe. Die gemeinen Löcher-Bienen (Heriades truncorum), bauen ihre Nester im Harz. Trauer-Bienen (Melecta albrifons), haben eine schwarze Behaarung daher der Name, sie legen als Brutparasiten ihre Eier in die Nester der Pelz-Bienen (Anthophora plumipes), Pelz-Bienen, sammeln Pollen mit den Beinen. Maskenbienen (Hylaeus), die Männchen haben eine helle Maske.

Mörtel-Bienen (Megachile parietina), ihre Nester bestehen aus Erde und Steinchen, die sie mit dem Speichel zusammen mörteln.

Die Wildbienen haben ebenfalls unseren Schutz verdient, denn auch sie sind als Bestäuber sehr wichtig.

Neueste Forschungen haben ergeben, dass Honigbienen mit Mauerbienen zusammen mehr bestäuben und somit mehr Ertrag erbringen. Die Gründe sind noch nicht genau erforscht. Mauerbienen schlürfen auch Nektar, allerdings nicht so viel, wie die Honigbienen.

Vielleicht liegt es daran Da die Bestäubung vielerorts zunehmend zu einem Problem wird, könnte diese Methode eine wertvolle Hilfe sein.

Überhaupt scheint sich allmählich, ein neues Bewusstsein durchzusetzen, die Insekten insgesamt, als wertvoll anzuerkennen., wie de Umwelt

Noch ein paar kurze Anmerkungen zu den Hummeln (Bombus).

Vergil erwähnt sie ausdrücklich nicht. Er konnte es auch nicht. Wie sollte er, zu seiner Zeit, die verschiedene Bestäuber treffsicher benennen.

Bombus, ist eine ganz besondere Art, mit vorzüglichen Eigenschaften, insbesondere fliegt sie schon und bestäubt fleißig Pflanzen, wenn es der Honigbiene noch zu kalt ist.

Sie kann am Tag bis zu 4000 Blüten bestäuben und verfügt über einen längeren Rüssel als die Honigbiene. Sie kann deshalb auch, tiefe Blütenkelche erreichen. Sie leisten von daher einen wichtigen Beitrag zur Bestäubung und sind insbesondere bei den Obstbauern sehr beliebt.

Die Hummel ist ein interessantes Geschöpf, dessen Eigenschaften immer noch nicht alle erforscht sind. 270-mal pro Sekunde zittert ihr Flügelschlag, beim Ernten einer Blüte. So Schüttelt sie die Pollen heraus und erzeugt dabei den typischen Brummton.

Das bedeutet eine gewaltige aerodynamische Leistung.

Heute gibt es im Internet sehr interessante und aussagekräftige Artikel nach dem neusten wissenschaftlichen Stand. Lassen wir es damit bewenden und wenden uns wieder dem Text zu.

Vergil hat bei seinen Beobachtungen festgestellt, dass die Bienen bestimmten Trachten vorziehen.

Die oben geschilderten Bienenaufgaben wechseln wie gesagt mit dem Alter. Die Jungen werden mehr belastet als die Alten.

Ein wunderbares soziales System, an dem sich die Menschen ein Beispiel nehmen könnten. Einfach wunderbar und selbstregulierend und sozial gerecht.

Bevor wir im Text fortfahren, dürfen wir fragen, woher kennen die Bienen, ihre vielfältigen aufeinander abgestimmte Aufgaben, wo ihr Gehirn doch nur so groß wie ein Sesamkorn ist. Diese Eigenschaften, sind den Bienen angeboren, sie sind ihnen mit ihrem Erbgut quasi in Tierwiege gelegt worden.

Einfach fantastisch. Je mehr man sich mit diesen Tieren beschäftigt, je mehr Achtung gewinnt man. Dabei ist die Bienenforschung noch nicht abgeschlossen und wird gewiss noch manche

Überraschung offenbaren.

Wir können heute davon ausgehen, dass die Honigbiene mit einem Lichtsinn ausgestattet sind ohne, dass hier in allen Einzelheiten auszudehnen, weiß man heute, dass die Honigbienen, über zwei Komplexaugen verfügen, die sich aus zahlreichen Einzelaugen zusammensetzen. Vom Temperatursinn habe ich schon gesprochen.

Vergil spricht nun von angeborenen Trieben, über die Sinnesorgane, wie dem Geruchssinn, Tastsinn, Geschmacksinn und anderen Sinnen gesteuert und beeinflusst wird. Um welchen Sinn, es sich im Einzelnen handelte, konnte Vergil noch nicht sagen, er erkannte aber bereits einige wichtige Eigenschaften der Tiere.

Die Honigbienen sind die kleinsten und einst der wichtigsten Nutztiere der Welt. Sie bestäuben etwa 80 % unserer Nutz- und Wildpflanzen. Von daher sollten wir ihnen mehr Respekt entgegenbringen. Ohne Bienen kein Leben.

In China müssen die Pflanzen und Früchte, heute schon zu einem großen Teil von Hand oder mit Flugdrohnen bestäubt werden. So weit darf es bei uns nicht kommen.

Vielleicht liegt es oft an unseren etwas oberflächlichen Einstellungen und Betrachtungsweisen zu unseren Honig- Bienen und, dass sie sie nicht den Stellenwert einnehmen, den sie eigentlich verdienen. Sie schicken für ihre wichtige, unermüdliche Arbeit keine Rechnung.  Sie verrichten ihre wichtige Arbeit, still und demütigt. Was nichts kostet, ist nichts wert.

Die Aufgabenverteilung unter den Honigbienen, konnte Vergil trotz seiner intensiven Beobachtungen, nicht in allen Einzelheiten kennen und erforschen.

Wir kehren nun zum Text zurück. Weiter heißt es dort: „Droht aber Regen fliegen sie nicht weit vom

Gehöft und trauen auch dem Ostwind nicht. Wagen nur einen kurzen Flug, nehmen oft Steinchen auf, wie wankende Nachen (Kahn) Sand, mit diesen halten sie Gleichgewicht im leeren Gewölk."

Gutgeschrieben, aber eigentlich mögen die Honigbienen keinen Regen und bleiben im Stock, wärmen sich, füttern die Larven und ernähren sich selbst vom angelegten Vorrat. Ich wollte Vergil an dieser Stelle nicht widersprechen und diesen Abschnitt doch zitieren. Ich weiß auch nicht, welche klimatischen Verhältnisse vorherrschten, als Vergil lebte. Heute ist es jedoch so, dass durch den Klimawandel und der Erderwärmung, insbesondere über den Ozeanen eine höhere Oberflächentemperatur entsteht, dadurch ver dampft mehr Wasser und es bilden sich gewaltige Regenwolken, die sich auch irgendwo wieder ausregnen müssen.

Der meisten Regen fällt zum Glück wieder über die Meere. Wenn die gewaltigen Regenwolken allerdings auf Land treffen, richten sie oft große Schäden an. Darüber hinaus schließen sich bei Regen die Knospen.

Regentropfen können auf alle Fluginsekten, wie Geschosse wirken. Wenn die Tiere nass sind, können sie sich kaum erheben. Die Bienen mögen keinen Regen und werden bei Regen nicht ausfliegen. Längere Regenperioden können sogar lebensbedrohlich sein, denn in dieser Zeit können die fleißigen Nutztiere, keine Pollen und Nektar sammeln und brauchen selbst ausreichend Nahrung.

Dass sie ihren Körper mit Steinchen beschweren, wie Vergil bei Vers 194 beschreiben, um bei Sturm, in der Luft nicht das Gleichgewicht zu verlieren, kann ich nicht belegen. Es würde auch nichts nützen.

Der Vergleich mit dem Nachen, der Sand als Ballast geladen hat, um nicht zu kentern, Bei Voß sind es Kieselchen, die als Ballast dienen.

Vielleicht hat Vergil, als er davon sprach, dass die Bienen bei Regen Steinchen aufnehmen, um nicht das Gleichgewicht zu verlieren, etwas ganz anderes, einen biologischen Vorgang, den er wissenschaftlich noch nicht deuten konnte, beobachtet.

Vielleicht hat er die Hamuli, die Insektenhäkchen, also Flügel- oder Frenalhäkchen gemeint. Darunter versteht man, gewisse Häkchen an den Hinterflügeln von Insekten, durch die beide Flügel verbunden werden können.

Die Hamuli verhaken sich in den Kerben am Hinterrand des Vorderflügels. Vielleicht hat Vergil diese Veränderung der Flugstrukturen beobachtet und gemeint, die Bienen hätten Steinchen geladen.

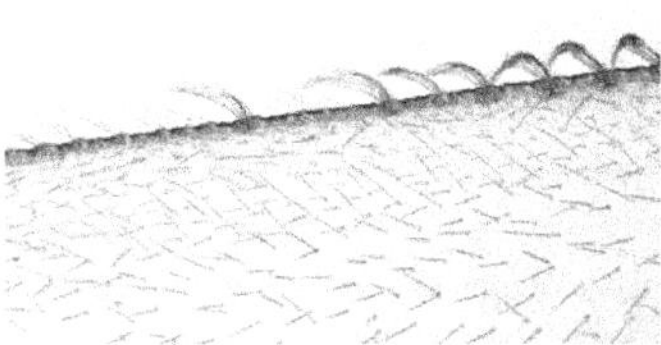

Hier die Hamuli bei einer Wespe.
(www.wikipädia.de)

Vergils intensive Beobachtungen, führen heute mit Hilfe der modernen Wissenschaft, zu immer mehr überraschenden Antworten.

Während einer Regenpause, fliegen einige Arbeiterinnen aus, um Wasser zu holen. Werden die Bienen vom Regen überrascht, suchen sie Schutz unter Blättern und Dächer. Dort harren sie so lange aus, bis die Regen vorbei ist.

Die Härchen erfüllen noch andere Aufgaben sie spüren und hören. Aufgrund eines speziellen Mechanismus können Honigbienen akustische Signale, der Artgenossen bei geringen Entfernungen hören. In den Fühlern verlaufen eine große Anzahl von Nervenzellen. Die Antennen dienen der chemischen Wahrnehmung von Geruch und Geschmack darauf habe ich schon hingewiesen.

Beim oben erwähnten **Nachen** handelt es sich ursprünglich um einen „Einbaum", flaches Boot, Kahn, den man wohl mit Ballast Sand beschweren kann, damit er nicht kentert.

Und es ist die Frage zu stellen, ob es eine Liebe zwischen den Bienen und den Blumen gibt, die sie anfliegen. Eine Liebe im menschlichen Sinne wohl nicht, aber doch eine gewisse Vorliebe, und zwar für nektarreiche Trachtpflanzen.

In diesem Zusammenhang wird immer von " Bienenfreundlichkeit " gesprochen. Vergil meint Bienen wären unsterblich.

Das stimmt zu mindestens bis jetzt, was die Art anbelangt.

Vor etwa 7000 Jahren begann die gezielte Haltung von Honigbiene. Die Honiggewinnung ist somit schon sehr alt.

Vergil meinte aber, Bienen wären göttlich.

Tatsächlich leben die Arbeitsbienen etwa acht Wochen. Zu Beginn ihres Lebens verbringt sie als Putzbiene ihre Zeit, zwischen dem 4. und den 12. Tag verrichtet sie Ammendienste. Von 1220 Tag wird sie zur Sammelbiene oder arbeitet im Stock als Bau-Biene. Danach ist sie eine Wächterbiene. In der letzten Lebensphase sind sie überwiegend als Flugbienen, als Spurbiene muss sie mindestens 20 Tage alt sein. Die Aufgaben, darauf habe ich schon hingewiesen, wechseln mit dem Alter, obwohl es immer Mal im Zeitraster Abweichungen gibt.

Wie ich oben schon angeführt habe, gibt es zwischen der Übersetzung von

Johann Heinrich Voß und der von Otto Schönberger, textlich einige Unterschiede.

Nun spricht Vergil die Fortpflanzung der Bienen an und schreibt: "Sie begatten sich nicht und lösen die Körper nicht im Dienst der Venus in Ermattung, gebären auch keine Kinder in Wehen, sondern lesen die Kleinen, die vom Laub und leiblichen Kräutern geboren sind, mit dem Mund auf, gewinnen selbst einen König und kleine Quiriten (Quiriten: Ehrentitel eines römische Vollbürgers) und bilden Hof und Reich aus Wachs nach."

Wunderbar geschrieben. Das stimmt so allerdings nicht, sondern wie beim Hochzeitsflug der Königin beschrieben nimmt die Königin, den Samen mehrerer Drohnen in ihre Samenblase auf. Diese Samenfracht reicht für etwa vier Jahre Lebenszeit.

Danach legt die Königin vermehrt unbefruchtete Eier, aus denen die Drohnen entstehen. Aber diese biologischen Vorgänge konnte Vergil noch nicht wissen.

Vergil wollte auf die asexuelle, nicht triebhafte Vermehrung der Bienen hinaus. Ihre Vermehrung ist eben ein göttliches Werk und durch den Menschen nicht erklärbar Die biologischen Vorgänge lagen noch im Dunklen.

Tatsächlich geschieht die Begattung, außerhalb des Stocks in der Luft. Der Hochzeitsflug, der etwa sechs bis zehn Tage nach dem Schlüpfen der jungen Bienenkönigin beginnt, dient zur Gründung eines neuen Bienenvolkes.

Beim Begattungsvorgang sterben die Drohnen, denn die starke Ejakulation, zerreißt die Genitalien der Drohnen. So haben alle ihre Aufgaben erfüllt, die Arbeiterinnen haben die Königin versorgt, die Drohnen haben sie begattet und die Königin selbst legt die Eier für ein neues Bienenvolk.  Es war im Altertum eine weitverbreitete Fabel, dass Bienen ohne Begattung ihre Brut von Blumen, Baumblüten oder lieblichen Kräutern holen, die sie einfach mit dem Mund aufnehmen. Nicht nur Vergil, sondern auch schon Aristoteles schreibt den Bienen, etwas Göttliches zu. Und trotzdem „mag nur ein engbegrenztes Leben auf sie warten" Das stimmt: Die Lebensdauer der Arbeitsbienen, ist meist kurz wie oben beschrieben.

Die im Spätsommer Erbrüteten leben etwa 6-9 Monate, die im Frühjahr und Sommer geborenen, oft kaum mehr als 6-8 Wochen. Die Königinnen können 4-5 Jahre alt werden, legen aber mit zunehmendem Alter weniger Eier und zuletzt gar keine mehr.

> Bei Vers 225-230 können wir lesen:
> "Willst du einmal den erhabenen Wohnsitz und den gespeicherter Honigschatz entsiegeln, schütze dein Gesicht zuvor, indem du es mit einem Mundvoll Wasser besprengst, und halte durchdringenden Rauch vor dich."

Bei Voß soll er die Hände waschen und den fortscheuenden Dämpfen entgegenstrecken. Das gilt auch heute noch, denn bei der Honigernte, müssen die Hygieneregeln eingehalten werden.

Nun soll es also nach aller Mühsal, endlich an die Honigernte gehen. Was Vergil schreibt, stimmt zum Teil heute noch.

Heute indes gelten etwas andere Methoden und Techniken bei der Honigernte, dabei ist wichtig, den richtigen Zeitpunkt abzuwarten. Das war auch schon bei Vergil so. Etwa die zweite Junihälfte, solange bis in den Waben keine Brut mehr vorhanden ist. Heute benötigt man einen „Smoker" auch Imkerpfeife genannt.

Der „Smoker" ist ein Gerät, das die Imker, zur Raucherzeugung benötigen, so wie bei Vergil beschrieben hat. Bei Vergil ist von „durchdringendem Rauch" die Rede, sonst erwähnt er nicht, wie das Procedere der Honigernte damals ablief.

Durch den Rauch, den Vergil erwähnt wird bei den Bienen, ein Jahrtausend alter Reflex ausgelöst und erinnert die Bienen an Feuer. Weil ihre Vorfahren, in alten Holzbäumen lebten und der Stock auch aus Holz ist, wird bei den Bienen assoziiert, es würde brennen. Dieser Eindruck veranlasst sie einen großen Honigvorrat aufzunehmen. Diese Stärkung wird als Startenergie benötigt.

Da aber kein Feuer entstanden ist, und die Waben nicht zerstört wurden, warten die Bienen nun mit vollem Magen ab und verhalten sich ruhig. Dies machen sich die Imker nun zu nutzte, um in Ruhe den Honig ernten zu können. Mit vollem Magen ist gut ruhen.

Dieser Trick hat auch schon zu Vergil Zeiten funktioniert, obwohl Vergil gewiss nicht ahnen konnte, dass bei den Bienen durch die Rauchentwicklung ein angeborener Reflex ausgelöst wird. Man stellte nur ein solches Reaktionsverhalten, bei Rauch durch die Bienen fest

Ferner wird ein Stoßmeißel, ein Schutzschleier und Handschuhe benötigt. Und es wird auch noch heute ein Eimer mit Wasser bereitgestellt, um Honig- Kleckse sofort aus dem Gesicht zu waschen, um nicht Honigräuber anzulocken.

Erstaunlich, was Vergil wusste.

„Zweimal ist Honigernte, wenn Taygete ihr schönes Antlitz zeigt." (Vers 234).

Damals fanden die Honigernten im Mai und im November statt. Dieses Zeitfenster dürfte sich wohl, heute bedingt, durch die Erderwärmung und den Klimawandel, etwa 14 Tagen nach vorn verschoben haben. Vergil nimmt als Orientierung die Sternbilder, am Himmel, um die Erntezeit des Honigs abzugrenzen.

### Taygete

„Honigzeit ist, wenn Taygete ihr schönes Antlitz zeigt" (Textstelle, 232). „Und wenn das Siebengestirn, die Fluten des Oceanus verächtlich mit dem Fuß zurückstößt oder wenn es vor dem Gestirn des regenbringenden Fisches flieht und bedrückt vom Himmel in winterliche Wogen zurücksteigt". (235).

Was hat das zu bedeuten, was Vergil damit gemeint.

Taygete ist nach der griechischen Mythologie die Tochter des Atlas und der Okeanide Pleione und gelten als Nymphen. Sie ist eine Plejade und Teil des Siebengestirns.  Die Plejaden sind im nördlichen Sternhimmel etwa von Anfang Juli bis Ende April sichtbar, dann soll die Honigernte durchgeführt werden. Plejaden, waren die jungfräulichen Begleiterinnen von Artemis, eine davon war Taygete.

Taygete geht im Mai abends auf und im November morgens unter. Diese Zeitspanne, ist die Honigzeit. Das Sternbild „Taygete", ist eine der kleinen, äußeren Monde des Planeten Jupiter als Jupitermond XX bekannt. „Wenn der Fisch flieht", wie es Vergil oben schreibt, dann meint er damit das Sternbild Fisch. Dieses Sternbild ist am Himmel in der Zeit vom 12. März bis 19. April zu sehen. Wenn also das Sternbild am Himmel geflohen ist, beginnt die Honigsaison. Um den 21. März kreuzt die Sonne im Sternzeichen Fische den Himmelsäquator.

Mit Siebengestirn sind die Plejaden, ein offener Sternhaufen der sieben Schwestern gemeint.

Das ist einfach ein großartiger Hinweis, denn bei klarem Wetter, konnte jeder das Sternbild sehen.

Vergil, spricht davon, dass er nicht zögern möge, „mit Thymian zu räuchern und die leeren Zellen aufzuschneiden? (Textstelle 241).

Der Echte Thymian (thymus vulgaris) hat viele Trivialnamen, zum Beispiel Immenkraut und sie als Bienenweide bei den Imkern beliebt. Darüber hinaus wird das Thymiankraut als Räuchermittel eingesetzt. Der Name Thymian hat seinen Ursprung im altgriechischen Wort „tyjo", dass sich mit „den Göttern ein Opfer bringen" übersetzten lässt. Etymologisch lässt sich das Wort Thymian von „thymiazein", ableiten, was „räuchern" bedeutet.

Thymian wird bis zu den heutigen Tagen als Räuchermittel eingesetzt. Beim Verbrennen verbreitet sich ein aromatischer, würziger kräftiger Rauch. Hier soll er wegen seiner antiseptischen, reinigenden und desinfizierenden Wirkungen, im Bienenstock eingesetzt werden.

"Er" soll die leeren Zellen auch aufschneiden, das geschieht aus hygienischen Gründen und zur Gefahrenabwehr, gegenüber den Bienenfeinden.

Der Ertrag durch die Bienen ist rückläufig.

Es gibt immer weniger Trachtpflanzen und der Klimawandel, mit großer Trockenheit auf der einen Seite und viel Regen und Kälte auf der anderen Seite, tragen zu weniger Ernte-erträgen bei.

Vergil spricht dann verschiedene Probleme an, die für die Bienen nicht von Nutzen sind. In diesen Zusammenhang muss ich kurz auf Varro eingehen.

### Marcus, Terentius Varro.

Varro war ein römischer Universalgelehrter. Er nennt als zweiten Honigerntetermine den September. Das kann ich nicht beurteilen, da ja die Bienen heute wohl andere Lebensbedingungen vorfinden als zurzeit von Vergil. Mir geht es nur darum Vergil, so wie es dort steht, ein wenig zu interpretieren und sein Anliegen etwas zu verdeutlichen. Auch durch die Klimaveränderungen und der fortschreitenden Erderwärmung, leben die Bienen heute in einem anderen, veränderten Umweltmilieu.

Varro lobt in seinem Werk "Recum rusticarum, libri tres" die große Verträglichkeit, der Honigbienen untereinander.

Deshalb werden sich auch nicht selbst bekriegen und Feindschaft empfinden.

Ob sich der Nektar- oder Pollenwert der Trachtpflanzen, seit dieser Zeit verbessert oder verschlechtert hat, und wie sich die Lebensbedingungen der Honigbienen verändert haben, ist kaum zu beantworten. Man kann heute wohl davon ausgehen, dass sich das Umweltmilieu weiter verändert.

Vergil warnt auch davor die Bienen zu „reizen" dann werden sie maßlos zornig und hauchen ihr Gift in den Stich und hinterlassen verborgene Stachel, hängen fest in den Adern und lassen ihr Leben in der Wunde." (236).

Das schildert Vergil zutreffend.

Gereizte, angriffslustige Bienen wurden in der Bibel bei Buch Deuterium 1,44 und anderen Bibelstellen mit angreifenden Völkerscharen verglichen, die die Amoriter in Flucht schlugen.

Der Bienenstachel bleibt beim Stich in der Stichstelle stecken. Die Biene stirbt. Anders bei der Wespe, die den Stachel nach dem Stich wieder herauszieht. Man kann also davon ausgehen, dass die Bienen nur bei akuter Gefahr stechen, wohlwissend dabei ihr Leben zu verlieren. Es besteht kein Grund, die Honigbienen zu reizen. Sie sind von Natur aus friedlich.

Wenn die Biene aber erst mal gestochen hat, setzt sie dabei ein Pheromon, einen Botenstoff, als Informationssignal ein Alarmsignal frei und alarmiert damit ihre Artgenossen.

**Insekten-Pheromone**

Sind Botenstoffe (chemische Stoffe, die der Signalübertragung dienen). Es handelt sich, um komplizierte Substanzgemische. Seit Vergil haben sich die Insektenpheromone, im Rahmen der Evolution verändert und der ökologischen Nische der Insektenart angepasst. Vergil waren Pheromone noch nicht bekannt. Ist eine Informationsübertragung zwischen Individuen der gleichen Art. Insekten-Pheromone, wirken durch verschiedene Botensubstanzen auf zwei unterschiedliche Arten, einmal als Alarmsignal, zur Verstärkung gegenüber Feinden. Die Artgenossen nehmen Botensubstanz wahr und eilen zur Hilfe. Das Alarm-Pheromon macht die Bienen aggressiv. Gegenüber FressFeinden jedoch, wird eine andere Botenstoffsubstanz, eher abstoßende Wirkung erzielt.

An den körpereigenen Bienenduftstoffe, er kennen die Wächter fremde Bienen, die Honig stehlen wollen und vertreiben sie. Es gibt in der Natur weitere Insektenpheromone, etwa verschiedene Sexualpheromone. Auch Düfte, Gerüche Bienenstockgerüche, spielen hier hinein.

Vergil wusste davon noch nichts, sondern sagte, was der Imker im Winter für seine Tiere tun kann. In den nächsten Versen geht es nun um die Schädlinge und um die Feinde der Bienen. So heißt es: „Oft nagt eine Eidechse die Waben an". (242)

Es wird sich hier wieder, um die gefleckte Eidechse handelt, die wir oben schon besprochen haben.

„Und die Schlafgemächer sind voll lichtscheuen **Asseln,** auch sitzen schmarotzende **Drohnen** am fremden Mahl oder die grimmige **Hornisse** mit ungleichen Waffen, hat sich eingedrängt oder das gräuliche Volk der **Motten,** oder die **Spinne** hängt lockeres Garn vor das Flugloch." Schauen wir uns diese Feinde einmal etwas näher an. Voß er wähnt an dieser Stelle auch die Schabe.

**Asseln**.

Die meisten Asseln sind allerdings Pflanzenfresser, von daher geht von ihnen keine Gefahr für die Honigbienen aus. Die Landasseln, fressen u. a Kot und auch den Kadaver von Insekten. Insoweit sind sie als Destruenten, sogar nützlich. Diese Art, wird Vergil wohl gemeint haben, als er sie im Bienenhaus in den Schlafgemächern beobachtete.

**Destruent (Reduzenten)**

Pilze und Bakterien, die sich von toter, organischer Substanz ernähren. Man bezeichnet sie auch als Zersetzer.

**Drohn oder Drohne.**

Es handelt sich um männliche Bienen, die in der Tat den ganzen Tag rumsitzen und schmarotzen. Sie haben in ihrem Leben nur eine wichtige Aufgabe, die Königinnen zu begatten und für Nachwuchs zu sorgen. Sie sind größer als die Bienen und haben keinen Stachel. Sie entstehen aus unbefruchteten Eiern der Königin. Ihre Facettenaugen sind größer und leistungsfähiger. Die Drohnen treten nur in der Vermehrungsphase des Bienenvolks, der Schwarmzeit, etwa von April bis August, hauptsächlich aber im Mai und Juni auf. Nach der Geschlechtsreife fliegen sie aus, um begattungsfähige Bienenköniginnen zu suchen und sammeln sich am Drohnensammel- platz. Hier geht es oft nicht friedlich zu.

Nach alten Quellen beginnt die Bienenkönigin zu „Düten" (abgeleitet von ins Horn blasen) und den Schwarm durch diesen Ton zum Schwärmen auffordert. (Pieres Universal- Lexikon, Band 5, Altenburg 1858. S. 429)

Drohnen sind nicht nur die männlichen Tiere bei den Bienen, sondern auch bei Wespe und Hummel, einschließlich Hornissen.

Die heutigen, unbemannten Flugdrohnen, schwingen sich nicht zum Hochzeitsflug in die Lüfte, sondern erfüllen andere Aufgaben, die nichts mit Völkervermehrung zu tun haben, werden aber aufgrund des Rückgangs der Bestäuber für diesen Zweck immer wichtiger.

Wir werden nun sehen, dass ein Bienenschwarm, über ein bestimmtes Sozialgefüge, verfügt.

## Schwarmtrieb

Die alte Stockmutter muss ins Altersheim, nein so ist es nicht, aber sie verlässt den Stock.

Der Schwarmtrieb bezeichnet die natürliche, angeborene Handlungsbereitschaft der Honigbienen, ihre Staaten durch Teilung zu vermehren. Wobei schwärmende Völker weniger Honig liefern. Ausgelöst wird der Trieb durch das Stärkenwerden des Bienenvolkes und der damit verbundenen Enge im Bienenstock und der

Verringerung des Nahrungsangebots. Die biologische Stärkung des Volkes ist vom Nahrungsangebot in der Natur abhängig.

Allgemein zieht das Bienenvolk mit der alten Königin aus. Die Imker versuchen durch verschiedene Maßnahmen, den Schwarmtrieb zu verhindern, weil man nicht weiß, wo sich das Volk niederlässt.

## Risiken für die Imkerinnen und Imker

Eigentlich können wir nur ahnen, welche Klimaverhältnisse zurzeit von Vergil, in Italien herrschten. Wir können wohl davon ausgehen, dass es noch keine messbaren, relevante Klimaveränderungen gab und man noch nicht wusste, dass sich die Erde erwärmt, so wie es heute die Wissenschaft belegen kann.

Wenn es bei uns nun zunehmend milder wird und immer häufiger die Winter ausfallen und sich die Durchschnittstemperatur um 2-2,5 Grad erhöht hat, dann hat das nicht nur Auswirkungen auf die Natur, sondern auch auf Menschen und Tier.

Wenn es wie im Februar 2020 geschehen, schon sehr mild war, dann fangen die Honigbienen an, sich früh im Stock zu regen. Sie werden unruhig. Sie lösen sich allmählich aus ihrer traubenförmigen Winterformationen, die sie vor Kälte schützte.

Sie fliegen dann aus, es gibt kein Halten mehr. Finden sie draußen aber nicht genügend Pollen, kann der ganze Schwarm verhungern. Sind die Immen erst mal wach, erwacht auch ihr Tatendrang, Nektar und Pollen zu sammeln. Wenn das so weit ist, kann der Imker sie nicht aufhalten.

Denn sie nehmen seit diesem Moment, kein Winterzusatzfutter, z. B Zuckerwasser mehr an. Und fallen auch nicht in die Winterruhe zurück. Sie wollen nur noch raus.

Wenn „Er" also, wie es Vergil rät, rechtzeitig für die entsprechenden Tracht-Pflanzen sorgt und die Immen nach der Winterruhe, gleich Nahrung finden, dann kann der Alte getrost und ohne Sorgen, auf die nächste Honigsaison warten.

Vergil hat mit diesen praktischen Hinweisen, den Imkern wertvolle Hilfen an die Hand gegeben.

Nun geht Vergil, ab Textstelle 242 auf verschieden Feinde der Honigbiene ein.  Er spricht beispielsweise von der grimmigen Hornisse. Warum Vergil hier das Adjektiv „grimmig" verwendet., erfahren wir leiden nicht.

**Grimmige Hornisse:**

Hier meint Vergil mit Sicherheit keine Hornisse, sondern den Bienenwolf (Wespe), weil sie mit „ungleichen Waffen" eindringt. Der Bienenwolf (Philanthus triangulum) ist größer und kräftiger als die Bienen und man kann ihn schnell mit der Wespe oder Hornisse verwechseln. Die Asiatische Wespe, die

jetzt die Bienenvölker
bedroht, war Vergil
noch nicht bekannt.
Die Waffen sind somit
ungleich, die
Biene hat gegen den
Bienenwolf keine
Chance. Der Bienenwolf,
ist ein gefährlicher Feind
der Honigbienen. Der
überraschende Angriff,
erfolgt beim
Blütenbesuch. Hier wird
die Biene an ihren Beinen
angegriffen und durch
einen Stich gelähmt. Der
Bienenwolf presst seine
Beute zusammen. Durch
diesen Druck tritt aus
dem Honigmagen der
Biene über die
Mundöffnung, ein
Nektartropfen aus, dem
den der Wolf verspeist.
Die Beute wird danach
ins Nest abtransportiert.
Der Angriff des
Bienenwolfes erfolgt nur
über einen instinktiven
„Bienenduft". Alles, was
nach Biene riecht, wird
angegriffen. Der
Bienenwolf greift alles
an, was nach Biene
riecht. Auf die
Pheromone und Düfte,
bin ich schon oben
eingegangen.

Die Imker müssen ihn
fürchten. Als Nahrung für
seine Larven dient in
Mitteleuropa, ausschließlich
die Honigbiene.

Diese Fangvorgänge der
„grimmigen Hornisse",
hat Vergil beobachtet und
festgestellt, dass hier mit
ungleichen Waffen
operiert wird.

Hornissen (Vespa crabro)
jagen auch gelegentlich
Bienen aber in der Masse,
stellen sie den Fliegen
nach. Sie sind nach der
Bundesartenschutzverord
nung, als besonders
schützenswerte Art
eingestuft.

Eigentlich sind Hornissen
aber Vegetarier und
mögen gerne süße
kohlenhydrathaltige Säfte
und es geht von ihnen
keine große Gefahr für
die Bienen aus. Wenn es
um die Verteidigung ihres
Nestes geht, kann die
Hornisse sehr wehrhaft
sein.

Unsere bekannte
Deutsche Wespe kann
den Honigbienen auch
nichts antun. Auch sie
fressen überwiegend,
Nektar, Pollen und

Früchte. Als Feind taucht hier wieder der Neuntöter auf, der auch Wespen verspeist. Die invasiven Arten aus Asien, die heute durch die Globalisierung und dem weltweiten Tourismus bei uns eingeschleppt werden, etwa wie die asiatische Hornisse oder gar die asiatische Riesenhornisse, kann Vergil nicht gemeint haben.

Sie kamen zu seinen Lebzeiten in seiner Heimat noch nicht vor.

Die asiatische Hornisse (Vespa velutina) hat sich in den letzten Jahren auch in Europa angesiedelt und bedroht die Ökosysteme. Das ist für die Imker eine neue Gefahr nicht nur für die Honigbienen, sondern beispielsweise auch für die Libellen.

Vergil hat mit Sicherheit die Europäische Wespe gemeint. Invasive Arten waren wohl noch unbekannt.

Ab Mitte Juni sind die gefährlichen Bienenfeinde, in der Natur zu beobachten. Der

Bienenwolf, den Vergil meinte ist deutlich größer und kräftiger als die Honigbiene. Charakteristisch ist der große schwarze Kopf. Unten Bienenwolf. (Bildquelle Adobe stock 284556785).

Über die sonstige Insektenwelt im antiken Italien, hat sich Vergil nicht

weiter geäußert. Einiges können wir unterstellen. Mit Sicherheit hat er, neben den beschriebenen Insekten auch die schwarze Mammutwespe gesehen. Vergil war ein guter Beobachter der Naturabläufe. Er kann auch einen weiteren Feind und war den gemeinen Bienenkäfer gemeint haben.

**Gemeiner Bienenkäfer**

Ein weiterer gefährlicher Käfer, ist der gemeine Bienenkäfer (Trichodes apiarius). Er wird in manchen Fachbüchern auch als Bienenwolf bezeichnet.

Es handelt sich hier um einen Buntkäfer. Die Trivialnamen sind: Immenkäfer, Immenwolf. Anders als der Bienenwolf oben ernährt sich der Bienenkäfer auch von kleineren Insekten, aber auch von Bienenlarven.

Vergil hat wohl gemeint, er würde eine Hornisse oder Raubbienen, die auch Heerbienen genannt werden und die selbst keinen Honig einsammeln, sondern sich in fremden Stöcken bedienen gesehen, die sich mit ungleichen Mitteln eindringen wollen.

Auf dem Speiseplan der Hornissen stehen allerdings keine Honigbienen. Es muss ein anderer Feind gewesen sein, nämlich der Bienenwolf oder der gemeine Bienenkäfer. Beide fressen die Larven der Honigbienen aber auch Blütenstaub. Es gibt noch weitere, ähnliche Arten, die Vergil ebenfalls beobachtet haben könnte. Die Arten unterscheiden sich meistens am Halsschild. Das ist das schild-förmige Oberteil bei den Insekten.

Es kann somit sein, dass Vergil beide Arten beobachtete, den beide Insekten kommen in seiner Heimat vor und stellen eine Gefahr für das Bienenvolk dar. Vergil beobachtete aber noch andere Tiere. So die spinne, die er oben im Text erwähnt.

**Spinne**

Was das Garn vor dem Flugloch anbelangt, ist folgendes zu vermerken. Gelegentlich verfangen sich Bienen auch in Spinnennetze. Der Imker wird jedoch kein Spinnennetz am Flugloch dulden. Und ein Frosch kann schon mal eine Biene verzehren. Ebenso so manche Vögel die Fluginsekten fressen, zum Beispiel der Neuntöter. Jedoch der größte Feind der Honigbienen ist und bleibt der Mensch. Mit Sicherheit erwähnt Vergil die Spinne bewusst, denn in den Metamorphosen 6,1f von Ovid.

## Motten

Gemeint sind hier mit Sicherheit die Wachsmotten, und zwar die Große (Achroia grisella) und die Kleine Wachsmotte (Galleria mellonella). Die Wachsmotten sind Pollendiebe und verzehren auch Brutrückstände, aber sind keine direkte Gefahr für die Honigbienen. Durch den Duft angelockt, legen sie in die Wachswaben der Bienen ihre Eier.

Auch auf diesem Beutezug spielt wieder ein spezieller Duft einer Rolle. Irgendwelche Signaldüfte, konnte Vergil allerdings noch nicht unterscheiden.

Bei den Hummeln ist es die Hummelnestmotte (Aphomia sociella). Die Larven dieser Motten, zerfressen die Waben. Das schädigt die Brut. Durch den Kot der Wachsmotten können, schwerwiegende Krankheiten, die das ganze Bienenvolk betreffen können, ausgelöst werden. Das hat Vergil

wohl gemeint, als er vom „gräuliche Volk der Motten", sprach. (Vers. 246). Eine absolut zutreffende Beobachtung.

Andere Bienen-Stockmitbewohner, wie Schnecken, Speckkäfer, Ameisen oder Ohrenkneifer, oder Honigräuber, erwähnt Vergil ausdrücklich nicht, sodass ich hierauf nicht weiter eingehe, zumal sich die Artenvielfalt und die Verhaltensmuster im Laufe der Zeit verändert haben.

Insgesamt stellen wohl die Honigliebende Tiere, keine ernste Gefahr für die Imker und Bienen dar.

Noch ein Wort zur gelbschwarz- Färbung dieser Insekten. Es handelt sich um eine Warnfärbung, Warntracht.

Achtung Vorsicht, Gefahr. Einige ungefährliche Arten zum Beispiel die Schwebfliege und der Feuersalamander beispielsweise, bilden solche Warntrachten nach

(Nachahmungseffekt) um potenzielle Feinde abzuwehren. (Mimikry). Die Fressfeinde weichen zurück, weil sie Gefahr befürchten.

Ein weiteres Wort zu unseren Vögeln. Leider sind viele Vogelarten, auch die Rauchschwalbe und der Neuntöter stark zurückgegangen. Manche Arten, die ich noch als Kind kannte, existieren nicht mehr.

Viele andere Arten sind in ihrem Bestand ernsthaft bedroht. Von daher, besteht für die Bienen, durch die Vögel wohl kaum eine Gefahr.

„Je erschöpfter an Habe sie sind, desto eifriger, streben alle danach, den Verlust des versunkenen Volkes zu ersetzen, werden die Gänge füllen und Speicher aus Blütenstaub bauen. ", steht bei Vers. 250. Sie resignieren also nicht bei Verlusten, sondern versuchen ihn schnell auszugleichen.

Ist das nicht beim Menschen ebenso, sie legen doch für schlechte Zeiten Vorräte an und sind bemüht Verluste schnell auszugleichen. „Emsig wie die Bienen", heißt es doch.

Aber andere oft nicht vorhersehbare Ereignisse setzten den Bienen doch sehr zu und gefährden sie massiv.

Dazu zählen das **Bienensterben** und das **Insektensterben** insgesamt. Dieser, massive Artenschwund der Rückgang der Biodiversität hat vielseitige Ursachen, wie eine neue Studie, eindeutig belegt.

Im Weiteren soll es aber nur um die Bedrohungen für die Europäische Honigbiene gehen, über die Vergil berichtet und die in ihrer Dramatik bis heute andauern.

Ob Vergil alle Bienenkrankheiten der westlichen Honigbiene schon kannte und beobachtete, ist indes nicht genau zu klären.

Er spricht aber die Faulbrut an. „Sollten aber ihre Körper durch unselige Krankheiten hinwelken, was du gleich an untrüglichen Zeichen erkennen kannst, dann haben die Kranken sogleich andere Färbung und starrende Dürre, entstellt ihre Gestalt dann schleppen sie die Leiber Verblichener aus dem Stock (Vers 255).

Bei Voß": Gab das Geschick, hinschmachten in trauriger Krankheit die Leiber,-Was du sofort an nicht Undeutlichen erkennest: -Gleich verwandelt den Kranken die Farbe sich, wustigen Ansehns. Starrt das hagre Gesicht, dann tragen sie Leiber der Toten.

Beide Autoren sprechen von schlimmen Krankheiten, also von mehreren gesundheitlichen Bedrohungen für die Honigbienen und meint wohl die Faulbrut nicht allein, denn es gibt eine ganze Reihe von Krankheiten, die die Honigbienen bedrohen. Schauen wir uns diese Krankheiten einmal etwas näher an.

## Schabe

In der Übersetzung von Schönberger, wird an dieser Stelle keine Schabe, wie bei Voß erwähnt. Er spricht von der lichtscheuen Schabe. Was wird eine solche Schabe, den Bienen antun können, als ein wenig zu naschen. Die Schmarotzer und Feinde der Bienen, mit Ausnahme der Krabbenspinne erwähnt Vergil. Diese geschickten Lauerjäger können sich sehr gut tarnen und stechen den Bienen in den Nacken. Vielleicht hat Vergil sie nicht gesehen.

## Faulbrut.

Auch Bienen-Pest genannt. Es handelt sich hierbei, um eine bakterielle Brutkrankheit bei Honigbienen. Vergil empfiehlt mit duftendem Galbanharz zu räuchern. **Galbanharz,** auch Mutterharz oder Galbanum genannt, ist der eingetrocknete Milchsaft (Gummiharz) von Ferula gummosa (Botanischer Name). Galbanharz war nicht nur eine Arznei, sondern auch getrocknet und in

Dampf aufgelöst, als Räuchermittel in Bienenstöcke eingesetzt. Es entwickelt sich dabei ein unangenehm starker Geruch.

Voß spricht hier von einem Unfall. J, so kann man es auch sehen, ein Unfall mit Totalschaden. **Ferula,** sind Stecken-Kräuter auch Rutenkräuter oder Riesenfenchel genannt. Von Pflanze gibt es etwa bis zu 180 verschiedene Arten, insbesondere im Mittelmeerraum.

Aus Ferula-Stäben wurden früher in Sizilien Bienenwohnungen hergestellt. Das Geflecht wurde mit Kuhmist und Lehm verschlossen. Die Stängel der Riesenfenchel sind leicht, zu entzünden und schwelen unter starker Rauchentwicklung langsam, wie eine Fackel, vor sich hin.

Aus den Wurzeln des Riesenfenchels werden Gummiharze u. a auch Galbanharz gewonnen und damit schließt sich wieder der Kreis. Nun wissen wir, wie sich die Menschen mit natürlichen Mitteln, ohne Chemie geholfen haben.

Einfach fantastisch finde ich. Damals wie heute wurde Rauch eingesetzt.

Heute werden allerdings andere Methoden und Verfahren angewendet, aber das ist hier nicht unser Thema. Damals musste man sich mit den Mitteln helfen, die zur Verfügung standen. Chemietechnik gab es noch nicht. Heute wird unter der Amerikanischen und Europäischen Faulbrut unterschieden. Die Amerikanische, befällt die ältere Bienenbrut, die Europäische die jüngere Brut. Wobei die europäische die harmlosere Variante ist.

Diese Unterscheidung konnte Vergil damals nicht kennen und schildert das, was er gesehen hat. Er spricht von einer gewissen Trauer, Leichenzügen und von erstarrender Kälte der Tiere. Ob die Honigbienen Traurigkeit empfinden können, wissen wir nicht.

Traurigkeit Trauer gibt es auch bei Tieren auch. Man denke nur an das

Gorillaweibchen, was ihr Baby verlor. An den Ganter, der um sein Weibchen trauert. Aber bei Insekten ist dies auch möglich, denn Vergil: Dass die Leiber der Verblichenen, aus dem Stock geschleppt werden. Das schildert auch Voß. Und sie summen langgezogen, wie manchmal der kalte Südwind in den Wäldern rauscht." (Vers 261). Das ist eine dichterische Ausmalung von Vergil, für die es keine Belege gibt.

Da es zurzeit von Vergil noch keine Insektenvernichtungsmittel (Insektizide) gab, drohte den Bienen von daher keine Gefahr, das ist heute leider anders. Deswegen versuchte man damals mit anderen, natürlichen Mitteln den Bienen wirksam zu helfen und Schadtiere abzuwehren, so wie es oben beschrieben wird.

Der Schutz der Bienen stand dabei immer im Vordergrund und die Imker der Antike unternahmen alles, um ihre Bienen zu schützen.

Sie konnten nicht hergehen und ihre toten Bienen mikroskopisch untersuchen lassen. Die Tiermedizin und die Wissenschaft waren, noch nicht so weit.

Heute stehen insbesondere die Neonicotinoide in Verruf, nicht nur die Insekten allgemein, sondern auch die Honigbienen zu schaden. Eigentlich soll die Stoffgruppe der Saatgutbeizung dienen. Dadurch sollen schädliche Beeinträchtigungen von Nutzorganismen verhindert und der Wirkbereich der Fraß-Insekten begrenzt und der Pilzbefall verhindert werden.  Den „Schädlingen", sollte der Appetit verdorben werden, nur leider trifft es manchmal auch die „Falschen". Und bis mal die Fehlleitung und die nicht gewollten Wirkungen bemerkt, ist es oft schon zu spät. Aufgrund von Verfahrensfehlern bei der Produktion und der Aussaat kam es allerdings wiederholt zu

Massensterben von Bienenvölkern und Nutzorganismen. Es wurden also nicht nur die Fraß- Insekten zum Beispiel Heuschrecken beeinträchtigt, sondern auch im großen Stil die Honigbienen. Vergil war dieses alles noch unbekannt.

Deswegen nur noch kurz. Es wurden und werden bei uns und weltweit nicht nur Neonicotinoide, sondern auch Thiamethoxam, Imidacloprid, Fluopyram, Fipronil, Imazalil, Prochlaraz, Fuberidazol und andere Mittel eingesetzt die mehr oder weniger, die Insekten allgemein beinträchtigen. Die Bundesregierung, hat nun zum Schutz der Insekten ein „Aktionsprogramm Insektenschutz" ins Leben gerufen. Ziel ist es, das weniger Pflanzenschutzmittel eingesetzt werden.

Der Bund stellt mehr Geld für nachhaltigen Insektenschutz zur Verfügung, da Insekten integraler Bestandteil der biologischen Vielfalt sind und sie die artenreichste Gruppe, aller Lebewesen darstellen. Ein neues Insektenschutzgesetz soll folgen.

Das ist für mich, ein wichtiger und notwendiger Schritt den Artenschwund entgegenzuwirken. Es müssen aber auch die naturbelassen Insektenlebensräume wiederhergestellt werden und die Einstellung der Menschen zu den Insekten muss sich unbedingt, zum Positivem verändern.

Die Apis millifera hat sich in Deutschland gut entwickelt, allerdings ist der Nahrungsmangel ein erstes Problem, weil es immer mehr sehr lange regnet, und immer mehr Bienentrachtpflanzen wegfallen.

Lassen wir es mal damit bewenden und schauen wir uns die natürlichen Bekämpfungs- Mittel einmal an, wie sie Vergil beschreibt. Nicht nur Galbanharz erwähnt er, sondern auch andere Mittel.

„Nun erteile ich dir den Rat Honig durch die Rinnen von Rohr in den Stock zu träufeln, um sie durch diese Spende zu ermuntern und die Matten zur gewohnten Speise zu locken." Er soll seine durch die Bienenpest geschwächten Bienen, wieder aufpäppeln und die „Schwachen", zur Nahrung locken.

Zum Beispiel sollte die Bekämpfung, von Bienenschädlingen auch mit den würzigen Säften der **Galläpfel** geschehen. Diese Säfte, sollen dem Honig beigemischt werden. Die Säfte der Galläpfel sollten helfen, sowie Thymian und das Tausendgüldenkraut. Ferner ist an dieser Stelle von Amellum die Rede, von einem Kraut, was ebenfalls helfen soll. Amellus kann eine italienische Sternblume (Aster Amellus) sein. Die Blütezeit ist von Juli bis Oktober.

Der Blütenkelch ist golden, die Blütenblätter, die in Fülle darum wogen, leuchten in dunkelvioletten Purpurschein. (Vers 275) (Siehe Abbildung unten).

Aber nicht nur dies, sondern auch getrocknete Rosen und Most, ferner an der Rebe gedörrte Rosinen und die anderen oben erwähnten Pflanzen, soll der Bauer, wirksam und wie man heute sagen würde, " Nachhaltig" einsetzen, damit sich seine Bienen wieder erholen. Es soll gut duften, es soll etwas zu essen und trinken bereitstehen. Dann kann es vielleicht gelingen.

Ebenso das:

**Tausendgüldenkraut (Centaurium).**

Sowie andere Trivialnamen. Tausendgüldenkraut ist eine Pflanzengattung aus der Familie der Enziangewächse. Das Hauptverbreitungsgebiet ist der Mittelmeerraum. Die deutsche Namensgebung ist aus „tausend Gulden wert", abgeleitet, der die Bedeutung der Pflanze wiedergibt.

Das echte Tausendgüldenkraut ist eine Arzneipflanze, das wusste man schon damals. Es hat seinen Namen Centaurium von den Zentauren (Kentauren) Cheiron, der als mythische Zentaur das Kraut zur Heilung von Wunden benutzt hat. Chiron der mit dem Kraut den verwundeten Fuß des Herkules heilte. Chiron war der Sohn des Saturnus und der Philyra. Er besaß gute Kenntnisse in der Arzneikunde. Er hatte die natürliche Heilkraft der Pflanzen entdeckt und Aesculapius (Asklepios), den späteren Gott der Heilkunst darin unterrichtet. Manche sehen in ihn der Begründer der Chirurgie.

Im Originaltext steht an dieser Stelle „centaurea ", und nicht „centaurium".

Bei Centaurea wären wir dann den Flocken- blumen, die im Mittelmeerraum ansässig sind.

Im Mittelmeerraum insbesondere die Wiesen- Flockenblume (Centaurea jacea). Viele Bestäuber Hummeln, Bienen, Schwebfliegen und Schmetterlinge, finden an dieser Pflanze Freude.

Ob nun die Flockenblumen oder das Tausendgüldenkraut gemeint ist, dürfte den Bienen gleich sein. Die Wiesen- Flocken-Blume hat einen Nektargehalt von 3 und einen Pollenwert von 2.

Wenn mit „centaurea" wirklich das Tausendgüldenkraut „centaurium" gemeint ist, dann scheidet hier in der Suche das kleine Tausendgüldenkraut „centaurium pulcuellum" aus.  Der Botanische Gattungsname „Centaurea" geht auf den mythischen Zentauren Chiron, wie oben erläutert zurück, der mit der Kornblume *Centaurea cyanus*) oder dem Zentauren-Kraut (*Centaurea centaurium*) eine Wunde am Fuße des Helden Achilles geheilt haben soll. Von der Gattung Centaurea gibt 260 Arten.  Eine von diesen Arten hat Vergil mit Sicherheit gemeint.

"Centaurium ist die Familie der Enziangewächse, „Centaurea die Familie der Korbblütler. Es muss sich also in der Tat um das Tausendgüldenkraut gehandelt haben, weil das Tausendgüldenkraut als Arzneipflanze hochgeschätzt war und jemand vielleicht bereit war, dafür tausend Gulden zu zahlen. Das Tausendgüldenkraut wird beispielsweise zur Bekämpfung von Magen- und Zwölffingerdarm-Geschwüren eingesetzt und soll die Verdauungstätigkeit fördern.

In Deutschland stehen alle Tausendgüldenkraut-Arten gemäß Bundesartenschutzverordnung unter Naturschutz beziehungsweise Artenschutz. Wildwachsende Vorkommen dürfen deshalb nicht gepflückt oder beschädigt werden.

Tausendgüldenkraut (Bildquelle Adobe Stock 177672395).

Auch die Galläpfel soll man zur Bekämpfung der Bienen-Krankheiten einsetzen und den Sud beimischen. Galläpfel sind die anfangs grün, dann gelblich und später rot werden.

(Bildquelle Adobe Stock 172862195)

**Galläpfel auch Eichengalle, Eichengalläpfel.**

Ist eine Pflanzengalle, an der Unterseite der Eichblätter. Der Gallapfel ist quasi eine Geschwulst und entsteht durch abgelegte befruchtete Eier der gemeinen Eichengallwespe (*Cynips quercusfolii*). Im Inneren der Galläpfel befindet sich eine Larve, aus der im Herbst ein weibliches Insekt schlüpft. Mit dem Absud der Galläpfel-Säfte wollte man die Schädlinge bekämpfen.

Galläpfel enthalten bis zu 60 % GallusGerbsäure und Gallus-Säure. Gallussäure ist heute nach der Gefahrstoffverordnung als reizend eingestuft.

Man kann sich also gut vorstellen, dass diese Säure den Schädlingen überhaupt nicht behagt hat. Gallussäure wird heute haupt-sächlich zur Herstellung von Eisengallustinten verwendet.

Die befallenen Bäume entwickelt diese Gallus-Säure, um die Larven der gemeinen Eichenballwespe zu töten. Deswegen setzte man diese pflanzliche Säure auch zur Bekämpfung von Bienenfeinden ein, in der Hoffnung, die Säure würde auch diese Larven abtöten.

„Ferner blüht eine Blume auf der Flur, der die Landleute

den Namen „Amellum"
gaben, führt Vergil Vers 271
aus.

Es handelt sich hierbei um
**Amellum,**

**Amellus:** purpurrote
italienische
Sternblume, Sternkugel:
Bergaster. „Die Wurzeln
dieser Sternblumen soll
man in duftendem Wein
kochen und in vollen
Körben als Futter an die
Fluglöcher setzten." Dies
alles soll, der
verantwortungs-
bewusste Imkern tun,
dabei seinen Honigbienen
wieder gesund werden.

Nur diese einfachen, in
der naturvorkommenden
Mittel standen zurzeit
von Vergil und Varro den
Menschen, zur
Bekämpfung von
Bienenfeinden und
Krankheiten zur
Verfügung. Ob es
geholfen hat, wissen wir
nicht. Man kann aber
davon ausgehen, sonst
würde es wohl heute
keine Honigbienen mehr
geben.

„Der Blütenkelch ist
golden, die Blütenblätter
leuchten in
dunkelvioletten

Purpurschein, oft
schmückt man Altäre mit
diesen Gewinden.

Ihr Geschmack ist bitter,
die Hirten pflücken sie
auf abgeweideten Angern
und am gewundenen Lauf
der Mella" heißt es
weiter. (Textstelle 276-
279).

**Zorn**

Anger bezeichnet meist
grasbewachsenes Land.
(Weiden) **Mella**
Italienischen Fluss mit
einer Länge von 96. An
diesen Stellen findet man
Amellum.

Unten Bergaster- Aster
amellus.

tion aus Johann Georg Sturm: Deutschlands Flora in Abbildungen. Heute, hingegen hat der Mensch hochwirksam

e
I
n
s
e
k
t
i
z
i
d
e
e
r
f
u
n
d
e
n
,
d
i
e
d
i
e
N
e
r
v
e
n
z
e
l
l
e
n

d
e
r
T
i
e
r
e
z
e
r
s
t
ö
r
e
n
d
a
n
g
r
e
i
f
e
n
,
s
i
e
o
r
i
e
n
t
i
e

rungslos machen oder sie gar töten. Über Eins

atz von Insektiziden und Beizmitteln, will ic

h          d
m          i
i          e
c          l
h          m
h          k
i          e
e          r
r          b
n          e
i          s
c          s
h          e
t          r
w          .
e          Ü
i          b
t          e
e          r
r          c
a          h
u          e
s          m
l          i
a          s
s          c
s          h
e          e
n          l
,          n
d          s
a          e
s          k
w          t
i          e
s          n
s          g
e          i
n          f

t
e
h
a
t
V
e
r
g
i
l
n
i
c
h
t
s
e
r
w
ä
h
n
t
,
s
i
e
w
a
r
e
n
n
o
c
h
e
r

f
u
n
d
e
n
.
E
i
n
s
i
s
t
i
n
d
e
s
k
l
a
r
:
D
e
r
M
e
n
s
c
h
i
s
t
d
e

rgrößte Feind der Bienen. Aber es sind nicht n

ur die Insektizide, die die Bienen heute zu sch

affenmachen, sondern auch die Zerstörung von natürlichen Lebensräumen. Monokulturen ohn entsprechende, nektarreiche Blüh-Streife

n und ohne Nektarreiche Pflanzen. Die fortsc

h
r
e
i
t
e
n
d
e
n
B
o
d
e
n
v
e
r
s
i
e
g
e
l
u
n
g
e
n
u
n
d
d
i
e
l
n
t
e

n
s
i
v
-
L
a
n
d
w
i
r
t
s
c
h
a
f
t
,
d
i
e
e
s
z
u
r
z
e
i
t
v
o
n
V
e
r
g

i
l
n
o
c
h
n
i
c
h
t
g
a
b
,
w
i
r
k
e
n
s
i
c
h
h
e
u
t
e
n
e
g
a
t
i
v
,
a

u
f
d
i
e
B
i
e
n
e
n
p
o
p
u
l
a
t
i
o
n
e
n
a
u
s
,
o
b
w
o
h
l
,
d
a
s
s
o

llte man nicht verhehlen, in der Zwischenzeit, sich die Lage für die Bienen verbessert hat.

V
i
e
l
e
p
o
s
i
t
i
v
e
I
n
i
t
i
a
t
i
v
e
n
,
w
u
r
d
e
n
e
r
-
g
r
i
f
f
e
n
,
u
m
d
e
n
B

i
e
n
e
n
z
u
h
e
l
f
e
n
,
u
n
d
e
s
i
s
t
v
i
e
l
l
e
i
c
h
t
a
u
c
h
e
i
n

Umdenkungsprozesse zu verzeichnen, sie besse

rzuschützen.

Aber nicht nur die Bienenpest, die durch Bakterien verursacht wird, sondern auch die Varroamilbe und der kleine Beutenkäfer, sowie die Bienenlaus, stellen ernste Bedrohungen für die Bienen dar, ebenso Parasiten, Motten, Amöben, Käfer und weitere Milbenarten, die gefährliche Krankheiten übertragen können und natürlich auch Nahrungsmangel und der Einsatz von Insektiziden und Pestiziden, sowie Immunschwäche und eine Störung der Eiweißproduktion, Schlechtwetterperioden, Kälte, Wind, Bodenversiegelungen, sowie andere negative Faktoren, die mit den veränderten Umweltbedingungen zusammenhängen.

Ich komme nun auf diese weiteren Bedrohungen zu sprechen. Neben den oben bereits erwähnten Bienenwolf und dem gemeinen Bienenkäfer, die die Bienenbruten direkt angreifen, gibt es weitere Feinde, die die Honigbienen in mannigfacher Weise befallen, sie töten und große Schäden und verheerende Infektionen anrichten. Da ist zunächst die gefährliche, nach dem römischen Universalgelehrten Varro benannte Milbe.

**Varroamilbe.**

Die Varroamilben, die die Bienenseuche Varroose verursachen, ist nach Marcus Terentius Varro benannt.

Die **Varroamilbe** (*Varroa destructor*) ist ein erwachsenes Weibchen mit einer Länge von ca. 1,1 bis 1,6 Millimeter, die als Parasit die Honigbienen als Wirt befällt. Die Milben entwickelt und vermehren sich in der verdeckelten (verschlossene Wabe) Brut, im Bienenstock.

Es handelt diesmal nicht um ein Bakterium (Stäbchen), sondern um einen Parasiten, der die Biene als Wirt benutzt. Die Milbe kann sowohl erwachsene Bienen wie auch die Brut schädigen.

Die Milbe schwächt die Bienen, indem sie sie regelrecht aussaugt. Sofern die befallenen Larven über- leben, sind sie kleiner als die übrige Brut.

Die befallenen Tiere besitzen eine kürzere Lebensspanne, haben Probleme bei den Lernleistungen und kehren immer wieder schnell in den Stock zurück.

Durch den Milbenbefall werden Viren, und zwar das "FlügeldeformationsVirus übertragen. Dieses Virus löst starke pathologische Effekte bei den Bienen aus. Diese pathologischen Effekte können ganze Bienenvölker hinraffen. Die Merkmale bei erwachsenen Bienen sind die Verformung der Flügel, ein aufgeblähter

Hinterleib und Verfärbungen.

Heute wird die Milbe mit Ameisensäure bekämpft. Die **Ameisensäure** *bewirkt eine massive Milbenreduzierung und beweist eine effektive Wirksamkeit auch in der Bienenbrut, hat mir ein Imker gesagt. Durch den Einsatz der* Ameisensäure *werden nicht nur die Milben, sondern auch vorhandene Nachkommen innerhalb der Zellen vernichtet. Ferner ist ein Sprühverfahren mit* **Oxalsäure** *zulässig.* Darüber hinaus wird gemäß, der einschlägigen Einfuhrvorschriften der EU, Oxalsäure bei bestimmten Gütern aus dem EU-Ausland eingesetzt, um die Ausbreitung von Tierseuchen zu verhindern. Weil Vergil diese Mittel noch nicht kannte und darüber nichts ausführen konnte, will es an dieser Stelle damit belassen und weise daraufhin hin, dass die Imker gerne weitere Auskünfte erteilen.

### Verdeckelung.

Auf dem Honigglas ist der Deckel drauf, der Honig ist fertig und verschlossen. Die Bienen verschließen den reifen Honig, nicht mit einem Glas- oder Plastikdeckel, sondern mit einem Wachsdeckel aus eigener Produktion, damit der Honig kein Wasser aufnimmt.

Das ist Aufgabe der Baubienen. Sind die Zellen auf den Honigwaben verdeckelt, so ist das ein Zeichen, dass der Imker die Wabe ernten kann. Der Honig ist nun reif und steht zum Verkauf zur Verfügung.

Einen weiteren

Schädling spreche ich

nun an, die Bienenlaus.

**Bienenlaus (Bralidea)**

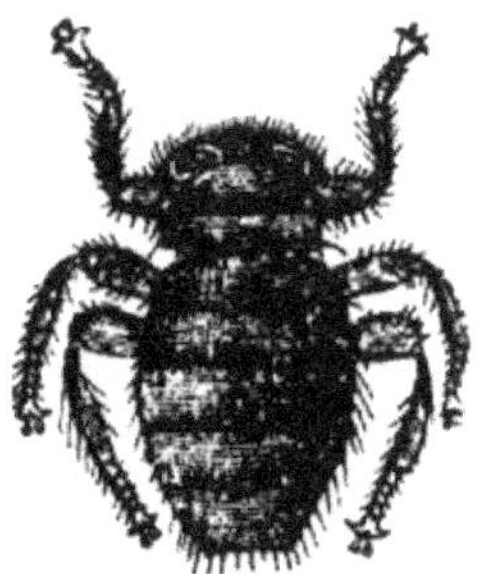

Die Bienenlaus ist ein Parasit. Die

Wirte sind die Honigbienen.

Vergil erwähnt sie nicht. Er kannte diese Art wohl nicht. Konnte sie bei einer Größe von 1-1,5 Millimeter nicht sehen. Sie sind einfach zu klein und sind biologisch keine Läuse, sondern Fliegen. Die flügellosen Läuse leben schmarotzend im Pelz der Bienen, vornehmlich bei den Königinnen und sind daher besonders gefährlich. Sie bohren sich unter die Ringe, der Hinterleibe der Bienen und saugen sie aus. Sie sind durch ihre geringe Größe und ihren Merkmalen, perfekt für den Aufenthalt bei den Königinnen angepasst. Insgesamt sind sie seltener geworden. Allerdings bevorzugen sie die Königin als Wirt, was bei einem Befall, das gesamte Bienenvolk betrifft. Bezüglich der Fort- pflanzung bestehen sogar heute noch gewisse Lücken.

**Wirt**

Die hier gemeinten Wirte, schenken dem Gast kein kühles Bier oder aromatischen Schnaps aus. Bei dieser oben gemeinten Gast- Wirt- Beziehung, geht es um den Parasitismus, also das Schmarotzertum. Der Parasit nutzt die Ressourcen der Honigbienen zu seinem Nutzen aus.

Beim Parasitismus hält sich der Parasit zeitweise oder dauernd in einem artfremden und meist größeren Lebewesen (Wirt) auf, auf dessen Kosten er lebt. Aber nicht nur das, sondern die Schmarotzer übertragen auch sehr oft gefährliche Krankheiten auf die Wirte.

Heute gibt eindeutige Indizien, dass die Anzahl und Dichte der Honigbienenvölker insgesamt abnimmt. Die feststellbaren, abnehmenden oder ermangelnden Widerstandskräfte der Wirte, begünstigen das Schmarotzertum.

Hier muss "Er" und die Imker und Imkerinnen der heutigen Tage, müssen deshalb bemüht

sein, die
Widerstandskräfte, zu
stärken.

Man hat in Pollen,
Pflanzenschutzmittel-
Rückstände gefunden, die
da wahrlich nichts zu
suchen hatten. Diese
neuen Gefahren kannte
Vergil noch nicht.

Der Milbenbefall, die
lähmenden Infektionen
im Herbst mit dem
FlügelDeformationsvirus
lösen pathologische
Effekte, bei der
Honigbienen aus und der
Bienen-Paralyse-Virus,
die Viruserkrankungen
auslösen, führen zu
erheblichen Winter-
verlusten, bei den
Bienenvölkern.

Es gibt drei
unterschiedliche
Virenarten in Europa, die
ich hier nicht weiter
erläutere, weil Vergil dazu
nichts sagt, nichts sagen
konnte. Er konnte die
Krankheitserreger noch
nicht kennen, hat aber
festgestellt, dass jemand
seine ganze Brut, durch
die Bienenpest einbüßen
kann. Solche totalen
Verluste, treten heute

auch immer wieder auf.
(Siehe unten
Bienenmonitoring).
Dann noch ein neuer Feind
der Bienen der sich in
Europa eingeschlichen hat,
der kleine Beutenkäfer.

**Kleiner Beutenkäfer**

Beim kleinen Beutenkäfer
(Aethina tumina) handelt
es sich auch, um einen
aggressiven Parasiten aus
der Familie der Glanzkäfer.

Wir müssen zwischen den
Adulten
Käfer und Larve
unterscheiden. Mit
Sicherheit Vergil den
Parasiten beobachtet, ohne
genau seine negativen
Einflüsse zu kennen.

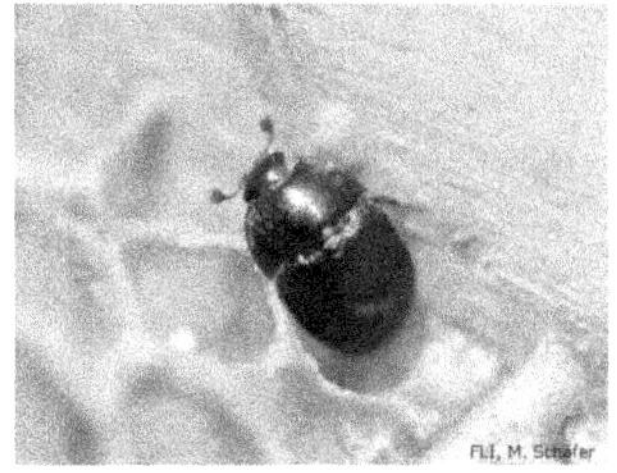

So sieht er aus. (Friedrich
Loeffler Institut, gemeinfrei)

Eigentlich in Nordamerika,
Afrika und
Australien zuhause, hat er
sich als invasive Art auch in
Europa eingeschlichen.

Im September 2016, wurden in Italien 31 Fälle dokumentiert, es waren siebzehn Bienenvölker positiv befallen. Deswegen ist Vorsicht geboten, ob der zwar kleine, aber gefährliche Geselle nicht auch bei heimisch wird. Unbestätigten Berichten zur Folge er auch schon bei uns gesichtet worden sein.

Sicherheitshalber legen die Imker, bereits jetzt schon verschiede Fallen aus, denn ein weiterer unerwünschter und gefährlicher Einwanderer, wäre für den Bestand der Bienen ein Desaster.

Es gibt weitere Bienenkrankheiten und Schädlinge, die Vergil im Detail nicht kann-te, die aber im Rahmen dieser Abhandlung kurz vorstellen möchte, damit die Problematik, zur Thema Bienensterben, etwas in Bewusstsein rückt.

Die Motten und schädigende Parasiten habe ich oben schon erwähnt. Nun möchte ich noch weitere

Bedrohungen durch Krankheiten für unsere Honigbienen erwähnen. Die Dinge sind allerdings komplizierten und gehen viel weiter als unten dargestellt. Die Imker sind heute gut ausgebildet und verstehen ihr Handwerk.

**Nosema, Nosemose.**

Nosemose oder auch Frühjahrsschwindsucht und Darmseuche genannt, ist eine durch parasitär agierende Kleinsporentiere ausgelöste hochansteckende Krankheit bei adulten Honigbienen. Die Tierseuche ist hochansteckend und befällt adulte Honig-Bienen und ist die häufigste ihrer Art bei erwachsenen Bienen.

Der Erreger ist ein einzelliger Parasit der Mikroporidien (einzellige Pilze). Landläufig gesagt, handelt es sich um eine Durchfallerkrankung. Es handelt sich hier um einen Einzeller „Nosema apis“, der das Epithel (Deckgewebe) des

Magens und den Mitteldarm befällt und die Krankheit auslöst. Mikroporidien-Infektionen gehören zu den häufigsten parasitischen Erkrankungen im Tierreich.

„Nosema apis": von. altgriechischen „nonos" für Krankheit und lat. apis für Biene. Der Imker kann die Krankheit an den gelben Kotstreifen der Bienen im Stock erkennen.

## Kalk-Brut

Die Kalk-Brut (Ascosphaerose, Ascophaerosis larvae apium) ist eine Faktorenerkrankung, die die westlichen Honig-Bienen befällt. Die auslösenden Faktoren sind das Absinken der Temperaturen im Bereich der Brutnester unter 35 Grad, Inzucht und hohe Luftfeuchtigkeit, sowie geringes Putzverhalten (verschlechterte Hygiene. Sie wird von einem aggressiven Pilz, im Futter verursacht. Die Larven sterben nach dem Verdeckeln der Zelle im Streckstadium ab. Ausgelöst wird die Erkrankung durch den Pilz:" Ascosphaera apis".

"Er muss in diesem Fall also bemüht sein, die krankheitsbedingten Faktoren, möglichst umfassend auszuschalten.

Die Larven versterben nach der Verdeckelung in den Zellen. Die Kalk-Brut ist die häufigste Form, einer Brutkrankheit und dem Entstehen von Hartbruten. Der Pilz durchdringt die Brut, sie werden hohl und löchrig und es entstehen, wie es Vergil geschrieben hat, regelrechte „Kalkbrutmumien", „die starrende Dürre entstellt ihre Gestalt", schreibt er.

Das Vergil gut beobachtet. Das ist den Zellen auch ein gewisser Anteil, eine Schicht an

Propolis vorhanden ist, stellt einen gewissen Schutz für Brut dar.

Diese Krankheit tritt besonders bei immunschwachen Völkern auf und wird durch Kälte und Feuchtigkeit begünstigt. Die Imker sprechen von „Hartbruten".

Bild: Bienenmumien. Kein schöner Anblick.

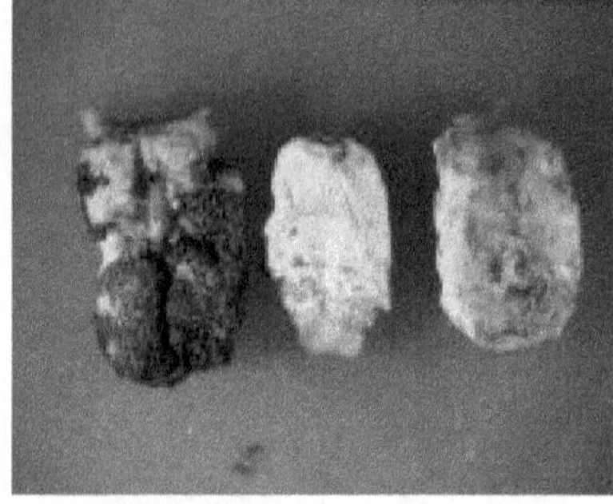

(Bildquelle: www.lwg.bayern.de/bienen /krankhei ten/093788/index…)

## Steinbrut

Auch die Steinbrut, wird ebenfalls durch einen Pilz, allerdings einem anderen als bei der Kalkbrut, nämlich durch den Schimmelpilz, (Aspergillus flavus) ausgelöst. Er wird durch das Futter aufgenommen.

Der Pilz befällt die ganze Brut und tötet sie durch Abgabe von Gift (Aflatoxine). Der Erreger ist sehr widerstandsfähig und hochgradig infektiös. Die Mumien sind mit bloßem Auge gut zu erkennen. Aufgrund der von den Steinbrut-Sporen ausgehenden Gefahr sollten befallene Völker abgetötet und die Waben verbrannt werden. Die Mumien sind gelbgrün und sehr hart. „Die Kranken haben sogleich eine andere Färbung. Vers 253

Im Gegensatz zur Kalkbrut, fallen die Mumien nicht aus der Zelle. Die befallenen Waben, sollen verbrannt werden, damit keine Sporen über das Bienenwachs ausgetragen werden.

## Amöbenruhr

Die Amöbenruhr, ausgelöst durch die Einzeller Amöbe Malpigha-moeba millifae befällt nicht nur die westliche Honig-Bienen, sondern ist weltweit verbreitet. Es handelt sich dabei um eine Infektion des Darmes.

Der Erreger ist wiederum ein einzelliger Parasit und dringt in die Harnröhre der Bienen ein. Die Amöbenruhr tritt oft bei kühlen und feuchten Tagen auf, wenn die Bienen geschwächt sind.

Auch die Menschen werden von der Amöbenruhr heimgesucht, insbesondere in tropischen und subtropischen Gebieten, allerdings durch den Erreger „Entamoeba histolytica". Die Krankheitssymptome beim Menschen und Tieren sind ähnlich. Es kommt bei allen zu lebensgefährlichen Durchfällen.
Es ist wichtig, zwischen den beiden Amöbenarten zu unterscheiden.

### Chronische Bienen-Lähmung

Die chronische Bienen-Paralyse, wiederum ist eine weitverbreitete Infektionskrankheit bei Bienen. Paralyse, bedeutet Lähmung, Schwächung. Die Symptome sind Haarausfall. Der Erreger ist sehr klein, etwa 20-60 Nanometer.

Die Infektion erfolgt über die Nahrung oder Wunden. Der Virus befällt nicht die Brut, sondern in heimtückischer Weise das Gehirn, die Nervenknoten und die Drüsen, der adulten Bienen.
Die Bienenkörper werden schwarz.
(Schwarzsucht).

Die Bienen sind flugunfähig und krabbeln auf dem Boden herum, zittern am ganzen Körper und koten oft ab und haben einen aufgeblähten Hinterleib. Es handelt sich um einen RNAVirus, das bis heute noch keiner Familie zugeordnet werden konnte. Es ist ein Bild des Elends.

Wie schreibt Vergil hier dazu: „Sollten aber ihre Körper durch unselige Krankheiten hinwelken, was du gleich als untrügliches Zeichen erkennen kannst, dann haben die Kranken gleich eine andere Färbung…….". Das ist genial.

Vergil hat genau das Krankheitsbild der chronischen Bienenparalyse beschrieben. Das ist einfach fantastisch.

Mit Sicherheit hatten die Imker zurzeit von Vergil, ohne chemische Hilfsmittel, gegen alle diese Krankheiten zu kämpfen, ohne dass Vergil die Bienenkrankheiten in allen Einzelheiten beschreiben konnte.

Viele andere negative Einflüsse, zum Beispiel der Klimawandel und die weitgehende Verödung der Landschaften stellen an die Imker unserer Zeit, neue Herausforderungen.

**Milben**

Von den Milben war ebenfalls schon die Rede.

Hier geht es nun um die „TraceenMilbe" (Acarapis woodi) auch Innenmilbe genannt. Die die aggressive Bienenkrankheit „Acrapiose" bei den erwachsenen Bienen auslöst. Die Milbe hat ein großes Verbreitungsgebiet. Sie hat lange ausgeprägte Schleppborsten an den Hinterbeinen.

Diese Milbenart lebt in den Tracheen (Atemöffnungen) der Bienen und ernährt sich, von den austretenden Körperflüssigkeiten und verursacht dort eine tödliche Atemnot.

Weibliche Milben legen in den Atemöffnungen 5-10 Eier ab. Die Seuche ist in Deutschland bekämpfungspflichtig, zum Beispiel mit Ameisensäure. Vergil hat wie oben bereits beschrieben, einiges Kleinvieh am oder im Stock beobachtet, was gewisse Schäden anrichtete, ohne genau die zugrundeliegenden Fakten zu kennen.

Vergil sah, wie sie dahinblichen und sie tot vor dem Stock lagen. Er kannte aber nicht die Gründe.

**Pollenmilben**

Die Pollenmilben (Tryolglyphus farinae) sind Vorratsschädliche, die schmarotzend von Pollenvorräten leben. Sie greifen die Bienen selbst nicht an und dringen unter Bildung von Gängen in die Pollenpfröpfe der Zellen ein und wandeln den Pollen zu einem groben gelben Pulver. (Wabenmehl).

## Buckelbrütigkeit

Dieser Begriff hat damit zu tun, dass die Verdeckelung (Abschluss der Wabe) unterschiedlich ausfallen kann. Die Drohnenzellen haben einen Verdeckelungs-Buckel eine, erkennbare Erhebung. Dann läuten bei den Imkerinnen und Imker, die Alarmglocken.

Arbeitsbienen, weil sie kleiner sind, haben einen glatten Deckel. Wenn also schlechtes Wetter herrscht und es dadurch zu keiner ausreichenden Begattung der Königin kommt, wird die Königin häufig nur unbefruchtete Eier ins Nest legen.

Daraus, können aber nur Drohnen entstehen. Der Imker findet also nur die „Buckelbrut" vor. Der Wabendeckel ist nach oben gewölbt. Und das kann nicht zum Fortbestand des Volkes führen. Der Imker findet hier nur ein „Buckelbrütiges" Volk vor, was einen hohen Verlust und finanzielle Einbußen bedeutet.

Darüber hinaus gibt es weitere gefährliche Milben, die aber, unserer westlichen Honigbiene nichts anhaben können.

## Maikrankheit

Ist eine Verstopfungskrankheit des Darmes bei erwachsenen Bienen, die meistens im Mai auftritt. Die Krankheit hat verschiedenen Ursachen. Mangelende Wasserversorgung, kalte Witterung, vermehrte Ansammlung von Darmbakterien.

Diese verursachen Lähmungserscheinungen. Verschlechterung der Atmung. Flugunfähigkeit. Da im Frühjahr für die Aufzucht der Brut, verstärkt Pollen eingetragen werden müssen, um daraus einen Futterbrei zu machen, brauchen die

Ammenbienen vermehrt
Wasser.

Ist nicht genügend Wasser
vorhanden, kommt es zu
einer Darmverstopfung, mit
gefährlichen Folgen.

Der Imker kann hier aber
mit dünnflüssigem
Zuckerwasser vorsorgen
und die Bienen
unterstützen. Es handelt
sich im Grunde hier, um
eine Mangelerscheinung.

Vergil sprach auch davon,
dass „er" genügend
Wasser für seine Tiere
bereitstellen soll.

### Bettlacher Maikrankheit

Es handelt sich um eine
Pollenvergiftung durch
Hahnenfußgewächse,
zum Beispiel durch
Küchenschelle (Pulsatilla).
Der Pollen enthalten den
sekundären Pflanzenstoff
„Anemonin".
Die Erscheinungsformen
und das Krankheitsbild,
ist wie bei der
Maikrankheit.

Durch Pestizide vergiftete
Pollen, wurden in letzter
Zeit, im Rahmen des
Bienen-monitorings
festgestellt.

Die Bezeichnung
Amemonin, leitet sich
von der Anemone ab. Die
Pulsatilla wird heute auch
als homöopathisches
Mittel eingesetzt.

### Schwarzsucht

Auch
Waldtrachtkrankheit
genannt, weil dieses
Krankheitsbild,
vornehmlich während die
Honigtracht der Tannen
und Fichten auftritt. Es
handelt sich um eine
Infektionskrankheit, die
verschiedenen Ursachen
haben kann. Das
Krankheitsbild ist ähnlich
wie bei der Chronischen-
Bienen-Paralyse.

Die Tiere verlieren ihre
Haare und wirken
dadurch schwarz. Die an
sich hellen Filzbinden sind
ebenfalls schwarz. Der
Haarverlust, kann auch an
einer Vergiftung liegen.

Wie wichtig die Haare, hier
die "Sinneshaare", für die
Bienen sind, hat die moderne
Bienenforschung nun
herausgefunden (Siehe
unten)

Man vermutet, dass das
Zuckerspektrum des

Honigtaus, zu dieser Erkrankung führt. Es mangelt an der Pollentracht. Möglicherweise sollte der Imker, sofern möglich in ein Gebiet mit hohem Pollenwert wechseln.

**Sack- Brut (Schiffchenbrut)**

**Virus**

Der Erreger ist hier der Sackbrut-Virus (SBV Morator aetatulae), der bei den Larven der Honigbiene, die SackbrutKrankheit verursacht. Das Virus ist sehr virulent, schon eine geringere Virusmenge, kann viele Larven infizieren.

Ausgelöst durch die Brutfütterung der Ammenbienen, die das Virus in sich tragen. Die befallenen Larven, sondern ein Säckchen bräunlichen Flüssigkeit, wie in einem verschorften Schiffchen ab, daher Sack- Brut. Weltweit sind 22 Honigbienen-Viren bekannt, die alle beobachtet werden müssen. Wahrscheinlich wird die Krankheit bei der Fütterung durch die Ammenbienen übertragen.

Natürlich kommt es auch immer wieder zu Vergiftungen, die durch vergiftete Nektar- und Pollenbestandsteile verursacht werden. Damit muss der Imker immer wieder rechnen. Nur ein gesundes und vitales Bienenvolk, ist in der Lage, die gewaltige und lebenswichtige Aufgabe zu erfüllen.

Die Bienenforschung erbringt ständig neue Erkenntnisse, so fanden Forscher heraus, dass es die Bienen selbst sind, die ihre wildlebenden Verwandten mit Krankheiten anstecken. Gelegentlich nascht auch mal der Totenkopfschwärmer Honig und Nektar. Davon berichtet Vergil nichts, sodass wir dieses Thema nicht weiter beachten.

Das waren, neben dem Menschen, die bisher bekannten Feinde und Schädlinge der westlichen Honig- Bienen. Die Sterberate bei den Bienenvölkern liegt etwa bei 20% und ist immer noch besorgniserregend.

Hier zeigt sich auch deutlich, was der verantwortungsbewusste Imker alles leisten muss, welche Verantwortung er trägt und an was er zu denken hat, um sein Volk zu schützen und uns einen einwandfreien, unverfälschten Honig von hoher Qualität anzubieten.
Deshalb sollten wir stets auf unseren Honig zurückgreifen. Qualität kostet auch etwas und schützt uns vor gepanschter Ware, daran sollte der Verbraucher denken.

Oben habe ich auch darauf hingewiesen, dass Honig aus nicht EU-Ländern, für unsere Bienen gefährlich sein kann. Vergil konnte die gesamten Bienenkrankheiten nicht in allen Details kennen. Er spricht aber davon, dass Aristeus, sein ganzes Volk, durch eine Seuche verlor.

Der Begriff Seuche war damals ein gängiger Begriff, um einen hohen Verlust, an etwas zu beklagen, ohne die Gründe dafür zu kennen. Auch heute gibt es viele Aristeus, die aus unerklärlichen Gründen, plötzlich ihr Bienen-Volk, verlieren. Viele Imkern rätseln über die Gründe, die kausal für den Verlust des Bienenvolkes ursächlich sind. Im Verdacht stehen die Pollen, die mit Insektiziden belastet sind und die Bienen kontaminieren.

Insgesamt hat sich das Umweltmilieu negativ verändert und dies nicht immer zum Vorteil für die Bienen. Wir als Verbraucher und Honigliebhaber, machen uns kaum Gedanken, wie der Honig zu uns kommt.

Zurzeit Vergil, waren die Imker den Bienenkrankheiten fast wehrlos ausgesetzt. Aber auch heute, müssen die Imker, immer wieder gegen die Bienenkrankheiten ankämpfen.

Der wirtschaftliche Schaden ist enorm.
Wer sich etwas intensiver, mit den Bienenkrankheiten beschäftigen möchte, empfehle ich folgen Link.

(www. bienenkunde. uni. hohenheim. de)

Mit Sicherheit hat Vergil nicht alle heute bekannten Bienenkrankheiten beobachtet, denn viele neue Bienenkrankheiten, werden von invasiven Arten hervorgerufen.

Zum Beispiel durch die **Tropilaelapsacariose.** Das sind aus Asien stammende parasitische Milbenarten, die unsere Honigbiene befallen und großen Schaden anrichten.

Die wissenschaftliche Beobachtung der Bienen, wie es heute möglich und notwendig ist, war zurzeit von Vergil noch unbekannt. Vergil, war nur auf die eigenen Beobachtungen angewiesen.

**Bienenmonitoring**

Im Rahmen des deutschen Bienenmonitorings-Forschungs-programms, geht es darum, eine umfassende Ursachenforschung zu betreiben, um die Gründe für die Völkerverluste zu erkennen und die Bienenkrankheiten wissenschaftlich zu untersuchen, um geeignete Gegen- und Vorbeugungsmaßnahmen ergreifen zu können. Dabei stellte sich heraus, dass durch die Varroamilbe und den Flügeldeformations-Virus besonders hohe Verluste zu verzeichnen sind. An dem im Jahr 2004 ins Leben gerufenen Bienenmonitoring, nehmen zurzeit über 100 Imker teil. Sie stellen der Uni repräsentativ verschiedenen Daten zum Beispiel über Krankheitsverläufe zur Verfügung, die dann wissenschaftlich ausgewertet werden. Diese Möglichkeit stand Vergil nicht zur Verfügung. Er konnte die Bienen nur intensiv beobachten, und seine Rückschlüsse daraus ziehen.

Man hat allerdings auch den Verdacht, dass die Pollen kontaminiert sind und es dadurch zum Bienensterben kommt. In einer kürzlich analysierten Probe, wurden 34, verschiedene Pestizidarten gefunden.

Es wird deshalb auch ein Pestizidkataster gefordert. Ob diese sehr hohe Belastung der Pollen durch Pestizide, ursächlich für das Verschwinden ganzer Völker ist, ist indes noch nicht nachweisbar.

Dass die Pollen, wie Fingerabdrücke der Natur anzusehen werden können, beurteilte auch Vergil schon so. Allerdings waren diese Umweltgifte Vergil noch unbekannt. Ihre Existenz stellen für die Imker heute neue Herausforderungen dar.

Im Bienenjahr 2019/2020 ist nach Beobachtungen der Imker, jedes siebte Bienenvolk im Winter (der eingewinterten Bienenvölker) gestorben. Jeden Winter haben die Imker erhebliche Verluste zu beklagen.

Dies sind etwa die Verluste, die in jedem Winter, nach Auswertung des Bienenmonitorings entstehen. Milden und andere Schädlinge setzten den Bienenvölkern zu.

Heute kann man die dadurch verursachten Kosten, hochrechnen und die Verluste benennen.

Das konnte Vergil damals noch nicht. Der Greis konnte zwar den Verlust seines Bienenvolkes, erkennen und den Verlust beklagen, wusste aber nicht, ob die anderen, ebenfalls Verluste zu beklagen hatten.

Ich lasse das mal so, ohne weitere eigene Beurteilung stehen und wollte an dieser Stelle, nur auf das Bienenmonitoring hinweisen.

Kehren wir nun nach dieser kurzen Reise, der Bienenkrankheiten und ihrer Erreger und den Ursachen zum Text nach Vergil zurück.

Nun gibt Vergil Ratschläge, was man tun könne, wenn jemand seine ganze Brut einbüßt und kein Volk mehr hat. Die Methoden, die er da vorschlägt, würden nach dem Tierschutzgesetz heute verboten sein, denn es soll, ein Stierkalb getötet werden und das Blut des Tieres soll die Bienen anlocken, dabei soll unteranderen Thymian und Casiazimt, unter die Rippen des toten Tieres gestreut werden.  Die grausame Prozedur in allen Details zu schildern erspare ich mir und es ist überdies zweifelhaft, ob dadurch im Rahmen der **Bugonie** ein neues Volk entsteht. Am verwesten Körper sollen von „selbst Bienen" und andere Insekten entstehen. Auf jeden Fall wird das Stirnkalb grausam erschlagen.

„Geschehen soll dies, wenn Zephyr die Wogen kräuselt, ehe noch die in frischen Farben prangen und ehe auch die zwitschernde Schwalbe ihr Nest am Balken aufhängt, schreibt Vergil bei Vers 305.

**Zephyr, auch Zephir: „der vom Berge Kommende".**

**Zephyr.** Hier eine Windgottheit nach der griechischen Mythologie, die den milden Westwind verkörpert. In der Mythologie wurde Zephyr als Frühlingsbote angesehen und als „Reifer der Saaten" verehrt. Es ist der Wind, der lebendig macht, weil die Pflanzen sich neu beleben, während er im Frühling weht. Er ist der „Bringer" des Frühlings und der Blumen.

Im Frühling also „ehe noch die Auen in frischen Farben prangen, ehe die zwitschernde Schwalbe ihr Nest an den Balken aufhängt", soll die Bugonie geschehen.

## Bugonia

Bugonie (altgr. Rind und Erzeugung.) Textstelle 312 ff.

Kann es im Tierreich eine ungeschlechtliche Tiererzeugung, Tiervermehrung geben.

In der Antike und im Mittelalter eine verbreitete, sagenhafte Vorstellung und Überzeugung, dass aus verwesten Körpern toter Stiere Bienenvölker und auch andere Insekten von selbst entstehen würden. So als könne man, aus totem Fleisch Neues Leben erwecken.

Der Gedanke der Bugonie stammt wohl aus Persien

und hat über Ägypten, die Welt der klassischen Antike beeinflusst. Die Bugonie erscheint uns fremd und nicht begründet, sie knüpft jedoch an verbreiteten antiken Vorstellungen, über den Beginn neuen Lebens an.

Vergil will hier ausdrücken, dass die Bugonie gleichsam ein Zeichen für das Werden ist, aus dem Vergehen folgt.

Im Alten Testament im Buch der Richter 14,8 bei Samsons Hochzeit findet sich eine ähnliche Stelle. Zwar entsteht hier aus dem Kadaver kein neues Leben, aber es sind Bienen dort und Honig. Er aß vom Honig und gab auch seinen Eltern davon, sagte aber nicht, woher der Honig stammte.

Diese Geschichte entstand allerdings, erst nach Vergil und ich kann sie als Theologischer Beweis gewertet werden.

Vielleicht hat Vergil nur Aasfliegen (Schmeiß- oder Fleischfliegen) beobachtet. Die Weibchen legen oft ihre Eier in Kadaver ab. Da entsteht wieder Leben, aber nicht asexuell.

In der Zoogonie, also in der Entwicklungsgeschichte ist derartiges bei Insekten nicht bekannt.

Vergil hat hier ein philosophisches Bild gezeichnet.

Eine weitere Herkunftsgeschichte ist die nach der ägyptischen Mythologie, wonach die Tränen des Sonnengottes Ra, als sie zu Boden fielen, zu Bienen wurden. Eine äußerst wichtige Debatte, in der antiken Zoologie, war die Fortpflanzung der Bienen.

Man konnte sich nicht erklären, wie sich die Bienen vermehren. Deswegen gingen die Autoren von einer asexuellen Fortpflanzung aus. Und so entstand auch die These von der sogenannten Bugonie.

Vielleicht schildert Vergil hier aber etwas ganz anderes, was er beobachtet hatte. Vielleicht waren es flügellose und stachellose Bienen, die es im

Tierreich gibt. Man spricht von sog.

**Geierbienen.**

Ob Vergil diese Tiere gemeint haben könnte und ob sie in seiner Heimat verbreitet waren, diese Frage werden wir kurz nachgehen. Und warum diese Tiere, der Gattung **Trigona** statt Pollen lieber Aas als Nahrung bevorzugen.

Diese Geierbienen besitzen tatsächlich eine spezielle Darmflora (Mikrobiom). Sie weist Ähnlichkeiten mit den echten Geiern auf. Dies Tiere konnte Vergil, wohl nicht in seiner Heimat beobachten, denn sie kommen nur in Südamerika vor.

Die Geierbienen sammelten Aas, ähnlich wie ihre Artgenossen Pollen, und transportierten sie in ihr Nest. Allerdings befinden sich bei ihnen, im Gegensatz zu den Pollensammlern, im Mikrobiom in der Säure lebende Bakterien.

Davon hatte Vergil keine Ahnung. Er sah, wie sich Bienen oder vielleicht auch Fliegen, über das Aas hermachten und bildete seine Rückschlüsse.

Es wird wohl so sein, dass diese Säure die Tiere vor Krankheitserreger schützt.

Die Geierbienen erzeugen auch Honig- Fleischhonig, der essbar ist. Davon berichtet Vergil nichts. Allerdings können sich Geierbiene, auch nicht ungeschlechtlich fortpflanzen.

Eine ungeschlechtliche Fortpflanzung oder Verbreitung, ist bei Insekten nicht bekannt.

Das lässt nur den Schluss zu, dass Vergil, dies Beispiel philosophisch meinte und hier nicht weiter untersucht werden muss.

Mit diesen dichterischen und mythologischen Gedanken wollten wir uns aber nicht weiter beschäftigen, sondern nur mit der Tatsache, dass bei dieser grausamen Prozedur, kein Bienenvolk entsteht.

Es war **Aristaeus** (Aristaios)**,** der Sohn des Apollons, dem das Missgeschick geschah. Er verlor seine Bienen durch Seuche und Hunger.

Er beklagte sich bei seiner Mutter, der Nymphe Kerene (Cyrene). Die Musen dessen Herde er vorher, als Hirte weidete, lernten ihn u.a. die Honiggewinnung. Er gilt deshalb als ländlicher Gott der Imkerei. Auf der Insel Keos lehrten ihn die Brisai-Nymphen die Imkerei und Herstellung von Olivenöl.  Er wurde auf die Insel Keos geholt, weil die Insel unter einer Dürreperiode litt. Er brachte Zeus ein Opfer dar, worauf Zeus, das Etesien (lat. etesiae = alljährige Winde vorherrschender Wind in der Ägais), schickte.

Aristaeus brachte den Menschen, nützliche Dinge bei: wie man jagt, den Ölbaum richtig nutzt, Imkerei betreibt und Käse herstellt und wie man die Felder, richtig bebaut und möglichst viel Nutzen zieht.

Von seiner Mutter Cyrene erfuhr er später den tatsächlichen Grund und die Ursache der Bienenseuche und dem Verlust seines Volkes. Er soll seinen den quälenden Kummer aus seinem Herz verjagen.

Er soll die versöhnenden Weidennymphen verehren, demütig Geschenke reichen und um Vergebung bitten, dann werden sie ihm verzeihen und von ihrem Groll ablassen.

## Weidennymphen

Wir kommen hier erneut zu den Weiden, die ja sehr futterreich sind und deshalb geschützt werden sollen. Gemeint sind die in den Tälern wohnenden Nymphen, die das übernahmen. Göttinnen der Weiden. Eine Kolibri-Art heißt auch so, ist hier aber nicht gemeint.

Die Weidennymphen sollen für den
Tod, des Bienenvolkes von Aristeus
Bienen verantwortlich gewesen sein.

Weiden wurden seit Urzeiten mit dem
Mond der Weiblichkeit, sowie mit der
Wahrsagung, Magie, Heilung und Kunst verbunden.  Auch Hildegard von Bingen, schätze die Weiden

(Sal-Weide) als
Heilpflanze.

**Brisai- Nymphen**

Brisai- Nymphen sind nach
Wilhelm Heinrich Roscher:
Nymphen, die Dionysos auf
Keos erzogen und Aristaios
die Imkerei und die
Herstellung von Olivenöl
lehrten.

Im zweiten Hauptteil des
Lehrgedicht
Georgica geht es Tod und
Leben sowie Aristaeus -
und Orpheus-Mythos:
Verse 281–566. In diesem
Zusammenhang erwähnt
Vergil in den Versen 333
ff. einige interessante
Personen und mythische
Gestalten, die vielleicht
nicht jedem bekannt sind
und auch nicht
zwangsläufig etwas mit
den Bienen zu tun haben,
dennoch ist es
interessant sie kurz
vorstellen. So zum
Beispiel: Dort heißt es:
„Die Mutter (Cyrene)
aber vernahm das
Klagelied in ihrem
Gemach tief unter dem
Fluss. Rings um sie
zupften die Nymphen
Milesische, mit grasgrün
gefärbter Wolle."

Milesische Schafe
lieferten besonders
kostbare Wolle.

Weitere Personen und
Gestalten der,
griechischen Mythologie
erwähnt Vergil jetzt an
dieser Stelle.
(Kurzvorstellung).
Die unten aufgeführten
Personen haben mit der
Bienenkunde direkt
nichts zu tun, sie sollen
aber der
Vollständigkeitshalber,
hier erwähnt werden,
weil sie in der
griechischen Mythologie,
wichtige Rollen spielen.

Diese Nymphen zupften
die grüngefärbte
Milesische Wolle.

**"Drymo, Xantho, Ligea,
Phyllodoce,**

Vergil beschreibt deren
schimmerndes
Haar, das über den
weißen Nacken fließt,
dazu Cydippe mit ihrer
Schwester Beroe, Ocean-
töchter beide golden
gegürtelt, beide mit
bunten Fellen geschützt,
dazu Ephyre und Opis
und Deiopea, die Göttin
des Asischen Sumpfes
und noch die rasche

Arethusa. Die endlich die Pfeile ruhen ließ.  Eben erzählte ihnen Clymene Vulkans vergebliche Sorge…….." (Vers 345).

Um welche Personen und Gestalten handelt es sich, die bei der Plauderstunde, die Wolle zupften.

**Drymo:** Ist eine Nymphe, eine Nereide. Eine der Töchter des Nereus und der Doris und Gespielin der Cyrene.

**Nymphen.** Hier im Text Meeresnymphen. Wasserwesen in der griechischen Mythologie. Sie beschützen und helfen u.a. Schiffbrüchige. **Nereide:** Unter Nereiden versteht man die 50 Töchter des Nereus und der Doris. Sie sind Nymphen des Meeres.

**Xantho:** Meeresnymphe, Nereide und Tochter von Nereus und der Doris.

**Ligea:** Ebenfalls Meeresnymphe, Nereide und Tochter von Nereus und Doris.

**Phyllodoke:** Meeresnymphe Nereide und Tochter von Nereus und Doris.

**Cydippe**. Nymphe und wie Drymo eine Gespielin von Cyrene.

**Lycorias:** Nereide weitere Tochter von Nereus und Doris und Gespielin von Cyrene.

**Lucina:** Eine nach der römischen Mythologie bei der Geburt helfende Göttin. In der griechischen Mythologie wäre es **Eileithyia** (zu Hilfe Kommende)**.** Die geburten-helfenden Göttinnen heißen heute Hebammen.

**Clio: Klio, Kleio** (altgriechisch) die Rühmerin', aus rühmen', ‚preisen') ist in der griechischen Mythologie eine der neun Musen. Sie ist die Muse der Heldendichtung und Geschichtsschreibung.

**Musen:** Sind Schutzgöttinnen der Künste. Es handelt sich nach der Überlieferung durch Hesiod um neun Musen. „Mich hat die Muse geküsst"

(Musenkuss), ist eine bekannte Redewendung.

### Beroe

Ist in der griechischen Mythologie *eine der Nereiden. Vergil bezeichnet sie in diesem Lehrgedicht mit ihrer Schwester Clio als Okeanide. Okeanider sind die Töchter des Okeanos und der Tethys. Bei Vergil bei Hyginus Ephyra. Meeresnymphe, Nereide. Tochter von Nereus und Doris und Gefährtin der Cyrene.*

**Opis**: Nereide. Tochter des Nereus und eine der fünfzig Töchter der Okeanide **Doris.**

ist in der griechischen Mythologie eine Okeanide, eine Tochter der Titanen Okeanos und Tethys. Mit Nereus hatte sie 50 Töchter, die Nereïden, von denen eine ebenfalls den Namen *Doris* trägt. Die arme Frau; die Anti-Babypille war noch nicht erfunden.

„Wieder drang die Klage des Aristaeus zum Ohr der Mutter……."

**Deiopea**: Ebenso eine Nereide auch und Tochter Nereus und Doris.

**Arethusa:**

Ist der Name einer Quell-Nymphe *aus der* griechischen Mythologie. *Sie ist eine* Najade *und zugleich eine Schwester der* Hesperiden. *Najaden sind Nymphen die überall Bäche, Flüsse, Sümpfe, Teiche und Seen bewachen. Heute wollte sie wie oben erwähnt die Pfeile ruhen lassen und in einer gemütlichen Damenrunde, Milesische Wolle zupfen. Arethusa hatte von der Göttin Artemis die Jagdkünste erlernt.*

**Clymene, Clymene**

Ist eine Okeanide griechischen Mythologie. *Eine Tochter des* Okeanos *und der* Tethys. *Sie war mit Merops verheiratet, dem König von Äthiopien.*

**Vulcanus, Vulkan**

Römischer Gott des Feuers und der Schmiede (Schmiedegott), sowie aller Metallhandwerker.

**Aristaeus, Aristaios:**

Aristeus, von dem oben schon mehrfach die Rede war, war ein ländlicher Gott der Imkerei, des Olivenanbaus, der Schafzucht und der Jagd und der Sohn des Gottes Apollon *und der*

*Nymphe Kyrene /Cyrene. Die Kinder Nymphen und der Götter waren sterblich. Aristaeus glaubte, wegen seiner Leistungen als Bienenhalter in den Olymp zu kommen. Er floh in das Peneische Tempeltal, weil er wegen seiner ungehemmten Leidenschaft, seine Bienen verloren hatte. Das Tempeltal, wird von Peneus durchströmt und trat voll Kummer, vom heiligen Quell des Stroms (318). Cyrene* wohnt an der Fluss Quelle. Dorthin geht Aristaeus, um Trost und Hilfe zu erlangen.

Die Nymphen, allen voran Cyrene, haben allein die Aufgabe, Aristaeus, bei seinem Ziel der Wiedererlangung der Bienen zu helfen.
„Aristaeus und weinend, steht niedergeschlagen in den Wogen des Vaters Peneus….."

**Peneus, Peneios**: Flussgott des gleichnamigen Flusses in Thessalien, *der heute Pinios genannt wird.*

„Wie alle Flüsse im Innern der mächtigen Erde in verschiedene Richtungen fließen, Phanis, der Lycus und der Quell, aus dem der tiefe Enipeus anfänglich hervorbricht, die Quelle des Vater Tiber, des wallenden Anio, des Hypanis, der Felsen durchbraust, des Mysischen Caisus und des Eridamus………"

**Phasis, Anio, Hypanis, Caisus, Enipeus und Lycus**, sind Flüsse „die brausen und wallen." Flüsse galten im Altertum als Spender aller Fruchtbarkeit und wurden entsprechend verehrt.

**Eridanus**:
Flussgott in der griechischen Mythologie, *ein Sohn des* Okeanos *und der* Tethys *sowie die heimliche Liebe der* Tyro.

**Tethys**
War eine griechische Titanin *und Meeresgöttin.*

*Göttin der irdischen*

*Frischwasserquellen und*

*die Mutter der Potamoi*

*(Flüsse, wie der Nil,*

*Alpheus (Alfios) und große*

*Mäander)*

**Anfänger**

Ist in der griechischen

Mythologie *die Tochter*

*des* elischen *Königs*

Salmoneus *und der*

Alkidike und Gemahlin des

Kretheus. Vor der Heirat

liebte sie insgeheim mit

dem Flussgott Eridanus.

Es wurde ein Fest gefeiert
und die

Altäre dufteten von
Panchaeischem

Weihrauch. In die

Opferflamme wurde

Weihrauch aus Panchaia

(Arabien) gestreut und das

alles dreimal.

„Nimm einen Becher Wein,

wir wollen dem Oceanus

spenden, "sagte die Mutter

und betet zu ihm.

**Oceanus, Okeanos:**

In der Mythologie die

göttliche

Personifikation, *eines*

*weltumfassenden*

*Stroms der gemeinsam*

*mit der Meeresgöttin*

Tethys, *als der Vater*

*aller* Flüsse *und der*

Okeaniden *gilt.*

„In der Tiefe des
Carpathischen

Meeres (Teil des

Mittelmeers, Libysches

Meer), wohnt ein Seher, der

blaue Proteus, der mit einem

Gespann zweifüßiger

Seepferde über das weite

Meer fährt." **Proteus:**

Meeresgott „Alte vom

Meer". Proteus weidete

Neptuns Robben, konnte

sich verwandeln und

verfügte über die

Eigenschaft Wahrsagen,
zu können.

„......und selbst der

uralte Nereus, weil

er als Seher alles

weiß, was ist, was

war und was bald in

Zukunft

heraufzieht......."

**Nereus:**

Meeresgott. Ältester

Sohn des Pontos und der

Gaia und Wahrsager.

Seine Geschwister sind

Kato, Pharkys, Thaumas

und Eurybia. Als

weissagender Greis

erscheint Nereus auch in

der klassischen

Walpurgisnacht in

Goethes Faust. Der Tragödie zweiter Teil.

„….also nämlich wollte es Neptun, dessen riesige Rinder und garstige Robben er in der Tiefe weidet…..“ *Neptun:*

Der römische Gott *Neptun (lateinisch Neptūnus, etruskisch netun (u)s) entspricht dem griechischen Wassergott* Poseidon *und war ursprünglich vermutlich der Gott der fließenden Gewässer, der springenden Quellen oder sogar des Wetters.*

Cyrene salbte Aristeus mit Ambrosia. Eigentlich ein unsterblich machender Trank, aber auch als Heilsalbe eingesetzt. Hier sollte es aber dazu dienen, den Trangeruch der Robben zu überdecken denn es heißt weiter“ da duftete ihm das schön geordnete Haar.“

Voß spricht bei Ambrosia von „lauteren Düften, dadurch erhalten sie außergewöhnliche Stärken und Schönheit, so wie die Unsterblichkeit“. Bei

Vers 454, wird „vom beklagenswerten Orpheus gesprochen“

**Orpheus**

Ist, ein großartiger Sänger und Dichter der griechischen Mythologie. Nach dem überlieferten Mythos warfen die Mänaden den Kopf des Orpheus in den Fluss *Herus.*

Mänaden sind die Gefolginnen des Bacchus. (Bacahantinnen).

Um die Gestalt, um den Mythos des Orpheus ranken sich viele verschiedene Sagen und es gibt sehr viel gute Literatur über ihn, sodass ich hier über ihn nichts weitersagen brauche.

Weiter heißt es „Der Chor der Dryaden aber, ihrer Gespielinnen erfüllte mit seinem Klageruf die Höhen der Berge.“

**Dryaden:**

Sind Baum-Geister und Nymphen in der griechischen Mythologie. Genau genommen die der Eichbäume. Die Dryaden fanden nicht den

Leichnam von Narziss,
sondern nur eine Narzisse.
„und es klagen auch, die
Gipfel des
Rhodopegebirges
(Südbulgarien), die hohen
Pangaeaberge (Gebirge in
Thracien) und das
Marsland des Rhesus,
dazu die Geten, der
Hebrus und
Attikas Orithyia.  Die
Baumgeister der Eschen
heißen "**Meliai"** (Meliaden).
Nach der Legende betreuten
sie das Zeuskind in Rheas
Höhle auf Kreta. Vielleicht
mit leckerem Honigtau.
(siehe unten Manna-Esche).

### Rhesus, Rhesos:

König der Thraker, der bei
Troja wegen seiner
schönen Rosse von
Odysseus und Diomedes
getötet wurde. Namens-
geber für den
Rhesusaffen war der
französische Natur-
forscher und Maler Jean
Baptiste Audebert.

### Getes:

Die Geten oder Getai

waren ein

indoeuropäsches

Reitervolk des frühen

Altertums. (nicht

Goten) **Hebrus**:

Fluss in Thracien, heute
Maritza.

### Oreithyia:

(im Gebirge stürmend):
ist eine Nymphe der
griechischen Mythologie.
In der Orpheus-Sage ist
dann von Taenarum, Dis
und Eberus die Rede.
Alles Ausdrücke und
Symbolik, die auf die
Unterwelt hinweisen.

### Taenarum, Teanarus

Ein Vorgebirge und eine
Stadt in Lakonien. Nach
der Sage befand sich in
der
Nähe von Taenarum der
Eingang zur  Unterwelt.

Vergil spricht hier von
Schlund"

**Dis, Dis Pater:** (auch
Dispater), war ein römischer
Gott und ist ein anderer
Name für die Götter der
Unterwelt.  Er wurde
auch als Herrscher der
Unterwelt angesehen.
Auch reicher Vater
Unterweltgott,
Totengott. Hat in
verschieden Religionen,

unterschiedliche
Bedeutungen.

**Erebus, Erebos:**

Gott der Finsternis nach der griechischen Mythologie„… sie alle fesseln dunkler Schlamm und verwildertes Schilf des Cocytus., träger Sumpf, verhasste Wogen und der neunfach dazwischen strömende Styx. Ja, es staunte selbst die Behausung und die innere Tiefe des Tartarus.

**Cocytus, Kokytos:**

Fluss in der griechischen Region Epirus. In der griechischen Mythologie: „Fluss des Wehklagens". Wenn die Verstorbenen, das Flusswasser trinken, dann erkennen sie, dass sie ihr Leben in der Oberwelt verloren haben und klagen dann ihr Leid.

**Styx:**

Fluss der Unterwelt- „Wasser des Grauens".

**Nikandros von Kolophon.**

War ein griechischer Arzt, Dichter und Grammatiker. Er war einer der ältesten Verfasser von giftkundlichen Werken. Er schrieb über die Bienenzucht (Melissurgika) und der Schlangenkunde. (Ophiaka) Vergil folgt ihm bezüglich, eines Heilmittels gegen den Biss wilder Tiere.

**Tartarus, Tataros:**

**Nach griechischer Mythologie** Teil der Unterwelt der noch unter dem Hades liegt. „Und die Eumeniden, deren Haar mit bläulichen Schlangen durchflochten ist" heißt es weiter im Text.

**Eumeniden, Erinnyen:**

Die Erinnyen hausten in der Unterwelt werden als alte, aber jungfräuliche Vetteln (alte Frau mit verdorbenem Charakter beschrieben, deren Hautfarbe schwarz war; sie kleideten sich in graue Gewänder, die Haare waren  Schlangen, ihr Geruch war unerträglich und aus ihren Augen floss giftiger Geifer (Speichel) oder Blut. Sie gelten als Vertreterinnen der mutterrechtlichen Prinzipien.

Voß spricht hier von Furien. Bei den Römern waren Eumeniden Furien. In der griechischen Mythologie Rachegöttinnen.

**Kerberos, Ceberus.**

Mehrköpfiger Hund der den Eingang zur Unterwelt bewacht. In der griechischen Mythologie der „Dämon der

G

r

u

b

e

.

"

l

x

i

o

n

.

König von Lapithen. Als Strafe die missbrauchte Gastfreundschaft des Zeus, wurde an ein Feuerrad gebunden, an den Himmel versetzt und zur dauernden Umdrehung verurteilt.

(näher bei Mythologie zu Ixion) **Avernus:**

See in Unteritalien.

**Falb:**

Bei Vers 489 ist von Totengeistern die Rede.

Voß spricht in diesem Zusammenhang von „Manen, das sind die Geister der Toten nach der römischen Religion. Sie sollen der Sage nach, an ihren Festtagen aus der Unterwelt aufsteigen und er warten dann ein angemessenes Sühneopfer. Sie sind den nicht freundlich gesinnt. Wenn die Opfer und Riten ausblieben, folgte die Strafe auf dem Fuße.

**Orcus (deutsch: Orkus)**

In der römischen Mythologie Gott der Unterwelt. Der Fährmann ist Charon. Der die Toten für einen Obolus (Geldstück) mit einem Boot über den Totenfluss bringt, damit sie ins Reich des

Hades, der Unterwelt
kommen.

(Siehe Abbildung unten).
Vergil erwähnt den
Flußgott Trymon.

**Strymon:**

Größter Fluss in Thracien
jetzt Struma.

Charon brachte die Toten mit
einem Kahn, auf die Insel der
Seligen.

Voß verwendet nicht den Namen Nachtigall, sondern „Philomela". Es handelt sich bei Philomele, um eine Gestalt der griechischen Mythologie. Sie war eine Tochter des attischen Königs Pandion und seiner Gemahlin Zeuxippe. Sie hatte folgende Geschwister Prokne, Erechtheus und Butes.

Nach der Legende verwandelte Zeus sie alle in Vögel: Philomela in eine Schwalbe, Prokne in eine Nachtigall, und Tereus in einen Wiedehopf. Es wäre gut, wenn Zeus das noch mal wiederholen könnte, denn alle drei Arten: Schwalbe, Wiedehopf und Nachtigall, sind in ihrem Bestand be- droht.

Nach dem Text ist aber Philomela die Nachtigall, das würde nicht mit der Legende übereinstimmen. In späteren Überlieferungen wurden die Zuord-

Eine Darstellung davon nach einem antiken Flach- Relief zeigt diese Szene.

Nachdem diese mythologischen Figu-ren und Gestalten aufgezählt sind und in die Handlung eingebaut, erwähnt Vergil bei Vers 510 Tiger.

Tiger gab es aber in Thracien nicht.

Thrakien war eine Provinz im Römischen Reich. Es ist ferner von Pluto die Rede, der keine Gnade kannte. Das kann wohl vom Gott der Totenwelt nicht erwarten. Bei Voß sogar der Tiger mit holdem Gesang.

...nungen der Vögel geändert. Philomela wurde nun zu einer Nachtigall. Das ist hier auch nicht entscheidend, weil die drei Arten allesamt stark zurückge-gangen sind.

Und Vers 511 lautet: wie die Nachti-gall unter Pappellaub voll Trauer den Verlust ihrer Kinder beweint………"

Ja, das ist heute auch zutreffend. Die

***Pluton auch Pluto***

In der griechischen *und* römischen Mythologie *der Gott der* Totenwelt *in der Erdtiefe.*

Nachtigall (Luscinia megarhynchos)

muss heute mehr beweinen, als dass

Individuen herum verändert, obwohl

sie 1995 Vogel des Jahres war.
Gott des Weines und des Rausches in
der griechischen Mythologie. „Der
Freund des Oeagrus ist der Stromgott
Hebrus.

**Oeagrus:**

Vater des Orpheus und Freund des
Hebrus und König von Pieria. Hebrus
ließ den Sohn nicht untergehen.

**Napaeae:**

Weidenymphen die in Tälern

wohnen. **Aurora.**

Göttin der Morgenröte und Gemahlin
des Tithonus der Sohn des
trojanischen Königs Laomedon. Ihr
eigener Sohn war Memnon. Nach
Ovid schrumpfte Tithonos Körper, bis
er zu einer Zikade wurde und nur
noch seine keifende Stimme,
übrigblieb. Auch das rotbraune
Ochsenauge (Pyronia tithonus) leitet
seinen Namen von Tithonos ab und
kommt in Mittelitalien vor.

Man hat bei Vergil immer wieder den
Eindruck, dass die angeführten
Namen und Personen, nicht zufällig
gewählt sind, sondern oft mehrfache
Bedeutung haben.

**Tityrus:**

**Cicons, Kikonen.**

Mythologisches Volk der Antike in

Thrakien. *Thrakien: Landschaft auf der*
sie singen würde, so nachteilig hat *östlichen* Balkanhalbinsel. *Auch Bac-*
sich die Welt, um sie und anderen *chus wird im Text erwähnt.*

**Bachus, Bachos:**

Name eines Hirten in der antiken,
bukolischen Dichtung. (Dialoge
zweier Hirten). Der Name wird zuerst
vom antiken griechischen Dichter
Theokrit, Theokritos (Idyll 3, 2–4)
verwendet, der als Hauptvertreter
der bukolischen Dichtkunst gilt. Das
ist die Dichtung, die sich mit dem
Leben der  Rinderhirten beschäftigt.
Später übernahm Vergil den Begriff.

Tityrus ist eine literarische Figur. Vergil
erwähnt in seinen Werken mehrfach
und jetzt auch am Ende des vierten
Buches, wo er von der geliebten
Stadt Parthenope spricht, wo er seine
Lebensblüte erlebte, ruhmreich und
spielend Hirtenlieder dichtete.

**Parthenope**

Parthenope ist in der griechischen
Mythologie einer der Sirenen. In der
Stadt Neapel (Napoli) wurde
Parthenope als Stadtgöttin verehrt.
Ihren Namen verwendete Vergil als
dichterische Bezeichnung für Neapel
(Napoli).

**Varro.**

Gemeint ist hier: Marcus Terentius
Varro. Er war der bedeutendste
rommische Polyhistor
(Universalgelehrter). Nach Marcus

Terentius Varro, der Schriften über die Landwirtschaft verfasste, ist die Varroamilbe benannt, die die Bienenseuche Varroose auslöst. Marcus Terentius Varro darf nicht mit dem Dichter Publius Terentius Varro verwechselt werden.

Im Text ist auch von der wohlriechendem „Ambrosia" die Rede.

## Ambrosia

Hier ist nicht das beifußblättriges Traubenkraut (Ambrosia artemmisiifolia) gemeint, sondern die Speise der Götter, die unsterblich macht. Nektar und Ambrosia beides waren Nahrungen der Götter.

Es gibt in der Mythologie zahlreiche Geschichten, wo Ambrosia eine Rolle spielt: Ambrosia diente auch als wohlriechende Flüssigkeit, so in der Odyssee, wo Eidothea damit den Trangeruch der Robben überdeckt. Ähnliches sagt auch Vergil. Ambrosia war aber auch ein Getränk.

Ambrosia war Nahrung für die Pferde der Götter, als Wund-salbe und als Schönheitstrank.

Tauben brachten Zeus Ambrosia. Ambrosia wurde auch zum Einbalsamieren verwendet. Das „Unsterblich machende Ambrosia", die die ewige Jugend gewährt.

Sterblichen war Ambrosia vorenthalten, nur Götter durften sich daran laben. Man weiß manchmal nicht, was konkret gemeint wurde. Ambrosia war wohl alles, was eine gewisse Lebensqualität versprach und wertvoll war.

Die Ambrosia- Pflanze hat indes nicht göttliches, denn ihre Pollen, können starke Allergien auslösen. Die Pflanze hat Vergil aber nicht gemeint.

## Faun

Faune sind Wald- und Feldgötter. Söhne des Faunus dem sagenhaften König von Latium.

Bienen spielten in der Antike schon immer eine wichtige Rolle. Bienen wurden als „Vögel der Muse" bezeichnet und galten als Boten der Götter. Honig als Quelle der Weisheit, Beredsamkeit und Dichtkunst. Der Göttervater Zeus trug den Beinamen Bienenkönig". Heute nennen sich Imkereien so.

An einer anderen Stelle im ersten Buch von Vergil ist bei Vers 131 eine weitere interessante Stelle zu finden, die sich irgendwie mit Honig beschäftigt.

Dort heißt es: „Schlug den Honig von den Blättern", das deutet meines Erachtens auf die Manna-Tamariske und die Manna-Esche hin. Man war damals der Meinung, die Blätter dieser Pflanzen würden Honig ausschwitzen.

Im Rahmen einer kurzen Exegese, möchte ich versuchen, etwas Licht in diese Angelegenheit zu bringen, denn der Nektar, der auch als Götterspeise gilt, wurde als „Manna" angesehen, der wie Tau vom Himmel gefallen war.

Das Alte Testament, enthält zu diesem Thema einige interessante Stellen. Schauen wir mal kurz, in dieses interessante Buch. So zum Beispiel im deutschen Kirchenlied von Michael Denis heißt es: „Tauet den Gerechten, Wolken regnet ihn herbei. Rief das Volk in bangen Nächten....". Im Originaltext bei Jesaja 45,8 heißt es: "Taut, ihr Wolken, von oben, ihr Wolken lasst Gerechtigkeit regnen." "Tauet", lateinisch "Rorate". Das Verb "rorare" beinhaltet das Tauen, wie auch den durststillenden Tropfen. Sehnsüchtig erwartet bereits der Prophet Jesaja den "Gerechten" aus nicht nur tropfenden, sondern gar aus sich ausregnenden Wolken (siehe Jes. 45,8).

Es geht hier also, um die Ankunft des Gerechten aber auch um durststillende Tropfen sie aus dem Himmel fallen.


## Manna

Manna wird im Allgemeinen, als etwas Knuspriges, etwas Feines, reifes und geschmacklich süßes geschrieben. Schauen wir uns dazu einige Bibelstellen im Alten Testament an. Unter Manna" verstand man auch, „dass an den Weihrauchbäumen (Balsamgewächs) befindliche Krümchen. Johann Heinrich Voß sprach von „Balsampflanzen". Ärzte der Antike bezeichneten, verstanden unter Manna einen gewissen Tau (ros) der aus den Bäumen fällt und süß ist und wie Honig zusammenläuft.

Neben dem Manna der Manna-Esche, werden auch andere pflanzliche Absonderungen, oft als Manna bezeichnet.

Wir werden einmal kurz schauen, was wir Näheres darüber finden. Zwar gab es zurzeit von Vergil, noch keine biblische Überlieferung. Es ist aber trotzdem interessant, einmal feststellen, was die Bibel über Bienen und Honig ausführt.

Das hebräische Wort devòrah- für Debora, was Biene bedeutet, ist zehnmal als Mädchenname und fünfmal für die Biene in der „Heiligen Schrift" erwähnt. Natürlich sind hier die Wildbienen gemeint. In Palästina ist die Apis millifica bekannt. Der Honig allein, wird an 60 Stellen erwähnt. Dabei handelt es sowohl und wilden wie auch Honig aus Imkereien. Denn bereits 900 vor Christi ist Bienenzucht nachgewiesen. Honig wurde als Hauszutat vielerlei verwendet.

## Moderne Bienenforschung.

Oben konnte ich nur kurz auf die moderne Bienenforschung eingehen, weil Vergil dieses interessante Forschungsgebiet noch nicht kannte.

Heute ist beispielsweise die Intelligenz der Bienen, schon weitgehend erforscht und hat erstaunliche Resultate, hervorgebracht, die ich kurz erwähnen möchte. Man ist zur Überzeugung gelangt, dass die Bienen zu den intelligentesten Nutztieren der Welt gehören.

Dass, die Bienen räumlich riechen können, habe ich schon erwähnt. Sie verfügen über bewegliche Antennen, mit denen sie den Duft-Raum, in feinste Dimensionen abtasten können.

Die Nektarquellen verfügen über eine Duftstelle, die die Bienen schnell finden können. Mit diesen angeborenen Riecheigenschaften bemerken sie, beispielsweise welche Larve Futter benötigt und wo Nektar und Pollen gespeichert werden. Ferner auf welche Weise, die Waben zu bauen sind.

Und noch etwas sehr Erstaunliches. Durch gegenseitiges Abtasten können sie feststellen, dass das Gegenüber von der gleichen Königin abstammt.

Sie können sogar feststellen, ob sie den gleichen Vater haben, da ja die Königin, von mehreren Vätern, mehreren Drohnen begattet wird. Die Königin verfügt über eine Samenblase, der sich Misch-spermien, verschiedener Drohnen befinden.

Die Geschwister würden wohl sagen:" Ich kann dich gut riechen." Und wenn das so ist, sind durch die Verwandtschaft-Verhältnisse bedingt, die sozialen Kontakte und der Zusammenhalt, ähnlich strukturiert, wie bei einer Familie.

Wenn die Wächterbienen am Stockeingang Wache schieben,

müssen die ankommenden Sammlerbienen, über die richtige "Duftnote" verfügen, sonst werden sie nicht, in den Stock gelassen.

Wenn nun zwei verschiedene Gerüche, auf die Antennen treffen, geschieht dies nach einem kurzen Zeitraum hintereinander. Die Biene ist in der Lage, beide Duftquelle zu erkennen.

Bekannt ist natürlich auch, darauf habe ich hingewiesen, dass die Bienen Rauch riechen. Allerdings ist nicht ausgeschlossen, dass das empfindliche Riechorgan, Schaden nehmen kann, wenn die Varroamilbe mit Säure bekämpft wird.

Man vermutet auch, dass die Biene über einen Blüten-Rezeptor verfügen muss, denn sie sammeln auch Nektar, von Blüten die bitter schmecken, beispielsweise vom Kaffeestrauch.

Eigentlich müsste das Koffein, zu einer ablehnenden Reaktion der Bienen führen und die Kaffeesträucher oder alle andere bitterschmeckende Blüten, würden nicht bestäubt werden. Das ist aber nicht der Fall.  Es muss also so etwas, wie ein Gedächtnis geben, was den Bienen sagt, trotz des bitteren Geschmacks, die Blüte trotzdem anzufliegen.

Es ist bin der Zwischenzeit auch bewiesen, dass Bienen nach Krankheiten, besonders Pflanzen mit hoher Qualität aufsuchen, um sich zu stärken und um einem neuerlichen Ausdruck der Krankheit zu verhindern.

Es kann also sein, dass Heilpflanzen und Pflanzen mit einem hohen Nektarwert, einen genau so hohen Stellenwert, in der Tierwelt haben.

Über das "Hören", habe ich oben schon berichtet. Es handelt sich bei Bienen um ein gewisses Hören ohne Trommelfell. Die Sinneshaare, werden durch Luftbewegungen aktiviert. Jeder noch so kleine Luftzug, wird von Sensoren registriert.

Da die Körperhülle, Cuticula bei den Bienen aus einem Chitinpanzer besteht und starr ist, ermöglichen allein die Sinneshaare, chemische Wahrnehmungen von außen.

Alle Informationen, über den eigenen Körper, werden von den Sinneshaaren wahrgenommen werde Windbewegung, jede Vibration. Man ha in Versuchen die Haare entfernt, daraufhin viel den Bienen die Orientierung schwer. Fliegen war nicht mehr möglich.

In den Insektenbeinen befinden sich die "Antennen"- die als Fühler eingesetzt werden. Im Inneren, der Fühler verlaufen Nervenzellen, Tracheen und Hämolymphe-Gefäße. Und die Antennen und Sinneshaare, spielen natürlich auch bei der Tanzsprache eine große Rolle.

Jetzt scheint die Cureten-Geschichte, eine ganz neue Bedeutung zu bekommen. Über diesen neuen wissenschaftlichen Erkenntnissen, die Vergil in gewisser Weise vorausahnte, ist im Vierten Buch noch nichts zu finden.

Ich möchte hier nicht das Bild der Königin und ihren Status zerstören, weil manche Forscher meinen, ihr würde das Privileg, "Königin nicht zustehen. Da sie nur die Aufgabe hat, Eier zu legen und die Abläufe und das sonstige Geschehen im Stock nicht mitbekommt und nicht verantwortlich ist.

Auch bei der Schwarm-Intelligenz hat man ebenfalls neue Erkenntnisse gewonnen. Man hat man festgestellt, dass Bienen elektrische Felder wahrnehmen können und dass die Kommunikation im Stocke über elektrische Felder läuft.

Noch etwas fanden die Forscher heraus: Wenn Schädlinge oder Gifte die Gesundheit der Tiere angreifen und sie schwächen, Tanzen die Bienen weniger und unregelmäßiger als sonst.

Ist das beim Menschen nicht genau so. Wer tanzt schon gerne, wenn man krank ist.

Das war ein kurzer Überblick über die neuere Forschung, die ich ihnen ich vorenthalten wollte.

Zur Abrundung und Vertiefung des Themas, noch einige interessante Bibelzitate.


## 6. Die Bibel

Als kleine Ergänzung möchte ich einige

Stellen aus der Bibel zitieren, die die Bienen und den Honig erwähnen.

Die Bibel, so wie sie uns heute bekannt ist, existierte zu Lebzeiten Vergils noch nicht, dennoch ist es interessant einige Bibelstellen zu erwähnen.

Im Buch Jesus Sirach (Sir), ist bei 11.3 die Rede von "Unansehnlich unter den Tieren geflügelten ist die Biene und doch bringt sie den besten Ertrag. In einer anderen Übersetzung heißt es: Denn die Biene ist klein unter allem, was Flügel hat, und bringt doch die allersüßeste Frucht. Welche Übersetzung man auch wählt, die Biene wird hoch gelobt.

Weil in der Bibel bei 2 Mos. 16,31, eine ähnliche Aussage zu finden ist, wo es heißt: "Das Haus Israel nannte das Brot Manna. Er war weiß wie Koriandersamen und schmeckte wie Honigkuchen. Manna bedeutet „was ist das"?

Man vergleicht dieses biblische Manna oft mit dem süßlichen Harz der auf der Sinai-Insel noch heute vorkommenden Manna-Tamariske. Manna die geheimnisvolle Nahrung, die den Israeliten beim Wüstenzug geschenkt wurde. Weitere Bibelstelle im Alten Testament erwähnen ebenfalls Manna.

Bei Moses 4. Numeri 5,16. lesen wir:" Wir denken an die Fische, die wir in Ägypten umsonst zu essen bekamen, an die Gurken und Melonen, an den Lauch, an die Zwiebeln und an den Knoblauch.  Doch jetzt vertrocknet, uns die Kehle, nichts bekommen wir zu sehen, als immer nur Manna.  Das Manna war wie Koriandersamen und sah aus wie Bdelliumharz.  Die Leute pflegten umherzugehen, um es zu sammeln, sie mahlten es mit Handmühlen oder zerstampften es im Mörser, kochten es in einem Topf und bereiteten daraus Brotfladen. Es schmeckte wie Ölkuchen. Wenn bei Nacht der Tau auf das Lager fiel, fiel auch das Manna." Sie weinten danach und baten um Fleisch. Die Situation für die Israeliten, in der Wüste, war sehr dramatisch, aber dennoch gab es was, woraus man Ölkuchen machen konnte.

Bdellium auch Bedolachharz und weitere Trivialnamen (falsche Myrrhe) war ein Harz, vom ostafrikanischen Balsambaum Commiphora africana zur Salbenherstellung und wurde als Duftstoff und Räucherwerk eingesetzt.

Die Botanik, unterscheidet zwischen Balsamgewächsen und Balsambäumen. Vergil spricht von Balsampflanzen. Zu den Balsamgewächsen zählen beispielsweise der Myrrhenstrauch und der Weihwachbaum.

Diese kommen in der Heimat von Vergil, nicht vor. Er kann sie somit nicht gemeint haben. Vergil hat Balsam im übertragenen Sinne gemeint.

Noch eine Stelle aus dem Alten Testament. Im Buch Deuteronomium lesen wir bei 8,3: Durch Hunger hat er dich gefügig gemacht und hat dich dann mit Manna gespeist, dass du nicht kanntest und das auch deine Väter nicht kannten." (Israel und der Reichtum) „Und die Israeliten aßen *Manna* vierzig Jahre lang, bis sie in bewohntes Land kamen; bis an die Grenze des Landes Kanaan aßen sie *Manna.*" (2. Buch Mose, 16,31).

Dass es in Palästina viel Honig gab, wird durch den Aristeas- Brief bei Vers 112 deutlich. Der Verfasser des Briefes schreibt unter dem Pseudonym Aristeas.

Im Alten Testament finden sich weitere Stellen, die sich mit dem Naturprodukt Honig beschäftigen. Dies zeigt einmal mehr, welchen hohen Stellenwert der Honig bei den Menschen vor zweitausend Jahren schon hatte und diese Wertschätzung ist bis heute geblieben.

Das hebräische Wort „davorah", ist im Alten Testament fünfmal belegt und bedeutet Biene. Hier allerdings die

Da zogen die Amoriter aus, die Wildbiene gemeint. Hierzu eine Bibelstelle: „

dort im Gebirge wohnten, euch entgegen und jagten euch, wie's die Bienen tun, und versprengten euch von Seïr bis nach Horma. (Deuterium 1,44 Lutherbibel, revidiert 2017, © 2016 Deutsche Bibelgesellschaft, Stuttgart.

In Buch Sirach steht bei 11,3, geschrieben:" trotz ihrer Kleinheit, bringen sie den höchsten Ertrag." Gemeint ist der Honig. Ob es sich dabei um Honig von Wild- oder Hausbienen handelt, ist umstritten.

Das Land wo Milch und Honig fließt, ist uns doch bekannt und symbolisiert, das verheißene Land. In diesem verheißenen Land, war nicht nur das Bienenprodukt Honig, sondern auch eingedickter Saft, von Feigen und Datteln.

Nach der biblischen Überlieferung gehört auch Honig zu den guten Gaben des fruchtbaren Landes. Das hat sich bis zum heutigen Tage erhalten. Diese Bibelstellen sollen hier genügen.

Auch im Koran, beschäftigen sich mehre Verse mit den nützlichen Honigbienen.

**Koriander**

Koriander (Coriandrum sativum L) eine Gewürz- und Heilpflanze. Es handelt sich um einen runden., aromatischen Samen, der wegen seines Geschmacks, mit „Manna", verglichen wurde. Koriander übersetzt Wanzendill, hat auch mehrere Trivialnamen, zum Beispiel: Arabische Petersilie.

Verwendet wird die Pflanze seit 5000 Jahren, unteranderen wird der gemahlene Samen als Gewürz, dem Brotteig beigegeben. Koriander ist auch ein Lebkuchengewürz und schmeckt, wie Honigkuchen so wie es

oben im 2. Buch Moses bei Vers 16,31
geschrieben steht.

Der Samen, die Korianderfrüchte sind
allerdings nicht weiß, sondern nur die
Blüten. Aus dem Samen wird
Koriander-Öl gewonnen. Verwendet
wird die Pflanze schon seit 500 v. Chr.

Es ist erstaunlich das Koriander einen
Nektarwert von vier und einen
Pollenwert von eins hat. Koriander
hatte deshalb auch für die
Bienenzucht Bedeutung.

Eine weitere Bibelstelle ist im Buch
Josua bei 5, 12, dort heißt es: „Vom
folgenden Tage an, nachdem sie von
den Erträgen des Landes gegessen
hatten, blieb das Manna aus, von da
an hatten die Israeliten kein Manna
mehr, denn sie aßen in jenem Jahr von
der Ernte des Landes Kanaan und im
Buch Nehemia bei 9,20 können wir
lesen: " Du gabst ihnen deinen guten
Geist, um sie zur Einsicht zu bringen.
Du entzogst ihnen dein Manna nicht
und gabst ihnen Wasser für ihren
Durst." Was ist das, also."

Manna gilt hier immer als biblische
Speise, die den Hunger der Israeliten
stillte.

Das Neue Testament gebraucht das
Wort Manna nur im übertragenen
Sinne.

Bei Johannes 6,31 heißt es dazu:
"Unsere Väter haben das Manna in
der Wüste gegessen, wie es in der
Schrift heißt: Brot vom Himmel gab
er ihnen zu essen."



Es gibt historische Belege, dass
Beduinen schon in biblischen Zeiten
den Honigtau der auf Tamarisken
lebenden Sinai-Schildlaus zu Manna
verarbeiteten und es als Zucker
verkauften. Damit die Tamariske die
Vorsubstanz von Manna produziert,
genügt bereits, wenn die Schildlaus
die Rinde verletzt.

Die Manna-Schildlaus (Coccus
manniparus), lebt in der Umgebung
des Berges Sinai auf der Manna-
Tamariske und erzeugt durch ihren
Stich den Ausfluss des Zuckersaftes,
welcher eintrocknet und abfällt, oder
durch den Regen gelöst, in größeren
Tropfen herunter träufelt und als die
eine Art von Manna in den Handel
gelangt. (Quelle Brehms Tierleben).
Es handelt sich um eine besondere
Art von Honigtau.
Ob Vergil damit das Himmelsbrot
gemeint hat, wenn er von
Himmelsgabe spricht, was den
Israeliten bei ihrer 40- jährigen
Wanderung durch die Wüste als
Nahrung diente, wird nicht völlig klar,
weil es nur geringen Mengen vorkam,
und es hätte wohl nicht ausgereicht,
um einer großen Menschenmenge,
lange Zeit als Nahrung zu dienen,
dennoch kann ein solcher Honigtau,
gewiss den Hunger etwas stillen. Ob
das zum Überleben ausreicht, ist eine
andere Frage.

Als Manna wird in älteren Deutungen auch die essbare Krustenflechte bezeichnet.

Es handelt sich hierbei, um die Essbare, Graubraue Mannaflechte (Lecanora esculenta), die heute noch als Viehfutter verwendet wird. Die Menschen nutzen, den süßlich mehligen Geschmack, als Zutat zum Brotbacken. Vielleicht war, dass, das Honigbrot, bzw. der Honigkuchen wie es Moses im zweiten Buch Exodus bei 16,31 schreibt. Das ist doch nicht ganz von der Hand zu weisen und einer Überlegung wert.

Nach 1. Mos. 21,33 pflanzte Abraham eine Tamariske in Beerscheba und nach Sam 1.31,13 wurden die Gebeine von Saul, unter einer Tamariske begraben.


**Manna-Esche** (Fraxinus ornus)


Manna-Esche aus der Familie der Ölbaumgewächse. Die Manna-Esche ist im südlichen-östlichen Mittelmeergebiet verbreitet. Ihren Namen verdankt die Esche, auch Blumen- Esche genannt, dem Saft, der aus angeritzten Ästen und Zweigen austritt und schnell erhärtet. Der Saft enthält neben einigen anderen Inhaltsstoffen den süßschmeckenden, Alkohol Mannitol. In den südlichen Ländern wird die MannaEsche zur

Gewinnung Siebröhrensaft (Manna cannelata) angebaut.

Es bilden sich Samara, einsamige Nüsschen, auch Flügelnüsse genannt. Die Manna Esche ist im östlichen Mittelmeerraum beheimatet. Weil der Saft schnell eindickt und süß schmeckt, kann es auch das Manna gewesen sein, von dem oben die Rede ist. Der Saft wird heute beispielsweise als Abführmittel verwendet, denn er regt die Peristaltik an.

Es bildet sich allerdings kein Honigtau. Aber immerhin leben nach der Mythologie Baumnymphen die „Meliaden". Man kann daraus schließen, dass die Manna-Esche, zurzeit von Vergil hohes Ansehen genoss.

Manna-Eschen, werden bis zum heutigen Tage, in Italien insbesondere in Sizilien angebaut. Die Manna-Esche hat allerdings nur einen geringen Nektar, aber einen hohen  Pollenwert.

**Cassien (Cassia)**

Auch Kassien, werden an manchen Stellen erwähnt, so in Meyers großes Konversationslexikon, Band 5, Leipzig 1906 schildert ein schmales Flusstal des Wadi Halfa, wo Kassien die Ufer umsäumten.

Auch anderen Quellen belegen, dass es diese Hülsenfrüchtler, dort gab wo die Israelis auf dem Weg ins „Heilige Land" waren. Die Früchte galten als

Leckerbissen und wurden als „Manna"
bezeichnet.

Bei 2. Moses 30, versteht unter Kassia
Zimtnelken, des Gewürznelkenbaumes
aus der Familie der Myrtengewächse.
Und in Psalm 45,9 können wir lesen:
"Von Myrrhe, Aloe, Kassia durften all
deine Kleider. Wohl deshalb, weil
Kassia die Bezeichnung für einen
Baum mit wohlriechender, würziger
Rinde ist, dem wilden Zimt.

Damit sind wir wieder bei Vergil
angelangt.

Wenn wir nun den Honigtau, die
Krustenflechte, den Manna-Eschensaft
und die Kassien, als Nahrungsdargebot
neben anderen Dingen in der Wüste
vorhanden waren, dann waren wohl
alle diese „Manna-Arten, die die
Menschen selbst so bezeichneten, in
irgendeiner Weise, das Himmels-brot,
das Manna für die Israeliten, als
Nahrung bei ihrer langen Wanderung
durch die Wüste erhielten. Zwar wird
man sich nicht vorstellen können, dass
ein ganzes Volk, unter großen
Strapazen, damit überleben konnte.
Dennoch war es doch mal interessant
der Sache nachzugehen. Natürlich
wird in den Bibeltexten, nicht immer
der korrekte biologische
Gattungsname und Sachverhalt
dargestellt. Einige Pflanze, zum
Beispiel Weinrebe oder Ölbaum
werden dagegen korrekt beschrieben.
Deshalb war ein kurzer Blick in die
Bibel nicht abwegig.

## 7. Allgemeines.

Jeglicher Honig hat seinen Ursprung
im Siebröhrensaft (Ploem) der
Pflanzen. Das sind die inneren
Pflanzenleitungen, die den Stoff
transportieren. Der pflanzliche
Transport von Flüssigkeiten,
bezeichnet man als „Siebröhrensaft".
Neben anderen Substanzen wird
hauptsächlich Zucker transportiert.
Der Hauptbestandteil im
Siebröhrensaft ist Saccharose
(einfach Zucker).

Vielleicht hat Vergil, dass gemeint.
Pflanzen setzen ihren Siebröhrensaft
zum Stofftransport ein. Sie haben die
Funktion wie Rohre.

Ein Siebteil, ist derjenige Teil eines
Leitbündels (Faszikel) bei
Gefäßpflanzen. Gefäßpflanzen
können in ihrem Inneren, Wasser und
Nährstoffe transportieren. Der
Transport erfolgt in speziellen Zellen.

Die Blütenpflanzen scheiden diesen
Saft als Nektar aus. Mit ihm locken
sie Insekten, wie die Honigbiene, an.
Das ist sinnvoll, weil die Pflanze auf
die Bestäubungsleistung der Bienen
angewiesen ist. Honigtau ist eine
zuckerhaltige Ausscheidung von an
Pflanzen saugenden Insekten.

Die Honigtauproduzenten gehören zur
Insektengruppe Hemiptera
(Schnabelkerfe). Das sind, die oben
aufgeführte Schildläuse (Coccina) sie
gehören zu den Pflanzenläusen:

## Honigtau

Honigtau, Blatthonig gibt es also. Es ist ein zuckerhaltiges, energiespendendes Ausscheidungsprodukt (Insektenurin) verschiedener Blattläuse, Schildläuse, Blattflöhe, Mottenschildläuse, verschiedenen Zikaden und Pilze.

Diese Insekten nehmen den Saft aus den Siebröhren (Zellfäden) auf und geben ihn in Form von Honigtau (Siebröhrensaft oder Phloem Saft) wieder ab. Phloem kommt nur bei Gefäßpflanzen vor. Die Tamariske ist eine Gefäß-pflanze. Die Ameisen nehmen gerne einen Tropfen

Honigtau der Schildläuse auf. Die Ameisen melken die Blattläuse wie Nutztiere.

Honigtau ist auch unter dem Namen Meltau, nicht zu verwechseln mit Mehltau bekannt. Aber auch die Honigbienen sammelt gelegentlich Honigtau, statt Nektar. Auch einige Hummel-arten. Honigtau ist eine beliebte Nahrungsquelle, für verschiedene Insekten, die den süßen Saft gerne als Beikost verzehren, sondern auch des Menschen. Allerdings, darauf habe ich schon hingewiesen, werden viele Nutzpflanzen mit Insektiziden behandelt, sodass der Verzehr von Honigtau, zum Insektensterben beitragen kann.

Der Honigtau auf Blättern und Nadeln werden von den Honigbienen gesammelt. Die anschließende Honigzubereitung erfolgt genau wie beim Nektar. Es entsteht ein besonders würziger Honig.

Vielleicht waren es tatsächlich die Manna- Tamarisken oder MannaEschen und die anderen in der Wüste vorkommenden Pflanzen, die die Israelis 40 Jahre in der Wüste überleben ließen, wenn Vergil schreibt:" Er schlug den Honig aus den Blättern." Jetzt macht dieser Satz vielleicht doch einen Sinn. Das Thema „Exodus" konnte hier nur ansatzweise behandelt werden. Vergil würde, wenn er heute noch leben würde, von einer „misshandelten Natur sprechen, was man kultivierten Menschen nicht zutrauen würde. Hat der Mensch nichts dazu gelernt" würde er sich fragen.

## 8. Schlussbemerkungen

Das war ein kleiner Überblick, über die Personen und Gestalten, wie sie Vergil in seiner Georgica vom Landbau erwähnt sind. Dabei konnten die griechische Mythologie, die Bienenkunde und die Naturereignisse, nur oberflächlich betrachtet werden. Es ging mir darum, unseren Honigbienen, eine Plattform zu bieten, denn sie sind meine Lieblingstiere und sie haben unseren Schutz verdient.

Aber es ist auch noch viel zu tun. Deutschland ist noch kein Bienenland, wie es Slowenien ist. Das wird vielleicht überraschen, aber

Slowenien ist das Land der Bienenzucht. Die Imkertradition ist im Volksbewusstsein tief verankert. Hier lebt die Krainer Biene oder-Kärtner Biene und weitere Bezeichnungen.

Diese Biene ist eine Unterart, unserer Honigbiene Apis millifera. Slowenien möchte den 20. Mai zum internationalen Bienentag erklären, weil an diesem Tag am 20. Mai 1734, der Imkerpionier und Hofimkermeister von Maria Theresia Anton Janscha geboren wurde. Wenn es den Bienen helfen würde, wäre ein solcher Tag sinnvoll.

Gewiss wäre zu den Bienen, der Bienenzucht und der Imkerei, noch mehr Interessantes zu berichten, nur dann würde ich zu weit von Vergil abweichen.
Es ging nur darum Vergils Aussagen, zu deuten, und verstehen, zu lernen. Wer Interesse hat, sich weiter mit diesen Themen zu beschäftigen findet im Internet weitere Anregungen und kann sein Wissen vertiefen oder setzt sich mit einer Imkerei in Verbindung, die gerne Auskünfte erteilen und ihren Honig zum Verkauf anbieten.
Wer also mehr über Vergil und seine Werke erfahren möchte, dem empfehle ich Hermann Brochs Roman „Der Tod des Vergil“, der die letzten achtzehn Stunden, des römischen Dichters schildert.

Es drängt sich zum Schluss die Einsicht auf, dass die Menschen und die Bienen vieles gemeinsam haben. In der ersten Entwicklungsphase verhält es bei den Bienen in vielerlei Hinsicht genau wie beim Menschen. Menschen und Bienen sind gleichsam, mit der Aufzucht, Hege und Pflege ihrer Brut verantwortlich.

Sie entwickeln dabei, ein hohes Verantwortungsbewusstsein und erledigen mit großem Fleiß, alles, was für die ordnungsgemäße Entwicklung ihrer Nachkommenschaft erforderlich und opportun ist, um ihnen einen guten Start ins Leben zu ermöglichen. Sie wehren mit großem Mut Feinde ab und kehren abends müde zum Bienenstock zurück und entwickeln einen hohen Gemeinschaftssinn.

Ist die erste Lebensphase abgeschlossen, gilt es im zweiten Lebensabschnitt, die Brut vor Angriffen aller Art und Schutz zu nehmen und den Status quo zu sichern und zu verteidigen, das heißt das „Erreichte“, unter allen Umständen zu verteidigen.

Im dritten Lebensabschied schließlich, dürfen die Menschen und Bienen, nach einem langen beschwerlichen Arbeits-leben endlich ausruhen und den Nektar ihres Lebens, möglichst lange Naschen und sich am Ruhestand erfreuen. Das haben sich die Bienen und die Menschen gleichermaßen verdient.

Doch leider ist diese Zeit oft knapp bemessen. Die süße genüssliche Phase des Nichtstuns, für die die Menschen und die Bienen ein Leben lang geschuftet haben, ist oft sehr begrenzt und vergeht sehr schnell. Darum sollte den Augenblick genießen. Jetzt noch etwas Honig schlecken.

Dann soll man sich vielleicht erinnern und in Dankbarkeit zurückdenken. Es drängt sich die Frage auf. Haben wir ein solches nützliches Tier überhaupt verdient, wo die Menschen doch sehr grob mit der der Natur umgehen und für das Insekten sterben verantwortlich sind.

*Wenn die Biene einmal von der Erde verschwindet, hat der Mensch nur noch vier Jahre zu leben. Keine Bienen mehr, keine Bestäubung mehr, keine Pflanzen mehr, keine Tiere mehr, kein Mensch mehr.*

**Albert Einstein**

Auch Heinz Erhardt und andere Autoren haben den Honigbienen Gedichte und Lobpreisungen gewidmet. Auch Theodor Fontane beispielsweise hat „Die Bienenschlacht", in ein Gedicht gefasst. Viele Autoren haben an die Bugonie geglaubt und sich literarisch damit auseinandergesetzt.

Wenn die Honigbienen, einer Bienengewerkschaft angehören würden und den Mindestlohn erhielten, würde sich der Preis des Honigs doch sehr verteuern. So arbeiten sie weiter ein ganzes Leben lang unermüdlich bis zur Erschöpfung weiter, ohne Streik und ernten kaum Lob und Anerkennung.

Vielleicht wird das in Zukunft besser.
An die Bienen
Bienen!
Immen!
Sumseriche!
Wer sich je
mit euch
vergliche,
der
verdient,
daß man
ihn töte!
Daß zumindest er erröte!
Denn, wie ihr in Tal und Berg schafft ohne Zutun der Gewerkschaft, ohne daß man euch bezahle, ohne Streik und Lohnspirale, täglich, stündlich drauf bedacht, daß ihr für uns Honig macht, ihr seid's wert, daß man euch ehre! Wobei vorzuschlagen wäre -ob nun alt ihr, ob Novizen -euch von heute ab zu siezen!
Unser Dank, unser Applaus säh in etwa sodann aus:
"Sehr geehrte Honigbienen!
Wir Verbraucher danken Ihnen!"
(Heinz Erhardt).
Marcus Terentius Varro sagt über die Bienen.„ Die Natur hat den Bienen das größte Maß an Geist und Kunstfertigkeit zugeteilt." (Varro 3,16,3).

Welch eine zutreffende Aussage. Vergil gilt als großer Klassiker der antiken Literatur und Poesie.

Allerdings werden auch kritische Fragen
gestellt "Warum kommen die Bienen
einschließlich Wildbienen, so schlecht mit
den Umweltbedingungen aus, wo sie doch
so schlau sind. Der Homo Sapiens ist wohl
eigentlich schlauer und verstört mit seiner
Schlauheit, das Leben der Insekten.  Noch
eine Schlussbemerkung.

Nun haben in Spanien Archäologen auf der
Scherbe einer römischen Amphore ein
Fragment von Vergil Lehrgedicht Georgica,
Buch eins entdeckt. Es ist das erste Mal, dass
ein Text des berühmten Dichters in einem
solchen Kontext gefunden wurde.

Die Zeilen stammen aus dem VergilWerk
„Georgica", in dem der Dichter das Leben auf
dem Land thematisiert – das könnte
erklären, warum das

Gedichtfragment in der einst als Zentrum der
antiken Olivenölproduktion wichtigen Ebene
des Guadalquivir gefunden wurde.

Dieser Fund ist von außergewöhnlichem
Interesse für Archäologen. Die Amphore
diente zum Transport von Olivenöl. Sehr
interessant. Noch ist der Kontext dieses
Fundes allerdings unklar. Dennoch ein
sensationeller Fund.

Die auf der Tonscherbe entzifferten
Inschrift (Fragment) lautete: Svais
avoniam glandemm
arestapoqv
tisaqv
it

Ich danke euch auch. Ihr seid mein
Lieblingstier, die mir die Himmelsgabe
bringt.


Joachim Schroetter